고전을 통해

―――

마음을 여는
소통의 지혜를
배웁니다

―――

임영주

수많은 상담과 강연에서의 생생한 사례를 바탕으로 아이 잘 키우는 부모의 역할을 이야기하는 대한민국 최고 부모교육전문가. EBS〈부모〉〈다큐프라임〉, KBS〈아침마당〉〈무엇이든 물어보세요〉, CBS〈세바시〉등 다수의 방송에 출연해 대화법, 아빠육아, 황혼육아 등 육아의 현실적 솔루션을 제시하고 있으며 네이버 오디오클립, 네이버TV, 유튜브〈임영주TV〉, 칼럼으로 부모교육, 관계심리 상담가로 활발하게 소통하고 있다. 주요 저서로『멘탈이 강한 아이가 결국 해냅니다』『우리 아이를 위한 자존감 수업』『부모와 아이 중 한 사람은 어른이어야 한다』『하루 5분 엄마의 말습관』『책 읽어주기의 기적』문화체육관광부 우수도서인『임영주 박사의 그림책 육아』등이 있다.

임영주 작가는 30여 년간 부모상담과 강연을 통해, 부모의 말과 태도가 아이의 성장을 결정짓는 핵심임을 체감해 이 책을 집필했다. 이런 깨달음을 바탕으로, 고전 속 지혜를 현대 육아에 녹여 '부모의 품격'을 높이는 길을 제안한다. 부모가 직접 필사하고 적용할 수 있도록 구성했으며, 부모의 작은 변화가 아이의 인생에 긍정적 영향을 미치는 선순환을 기대한다.

작가와 소통해요

고전에서 배우는
『부모의 품격』

임영주 지음

작가의 말

고전을 통해
품격 있는 부모로
성장하기

세상이 아무리 바뀌어도, 변치 않는 진리가 있습니다.
사람을 사람답게 키우는 일입니다.

아이를 낳아 길러보면, 육아가 얼마나 다이내믹하고 예측불가인지 깨닫게 됩니다. 그때마다 부모는 헤매고 흔들립니다. '화내지 않으려 해도 결국 또 화내는 나', '좋게 말하려 했는데 매번 도돌이표처럼 소리치게 되는 상황'의 반복에 부모는 스스로 지치기도 하지요.

고전에서 의외의 명쾌한 해법을 찾을 수 있습니다. 성현들의 말씀에는 '인간과 관계'에 대한 통찰이 시대를 초월하여 담겨 있기 때문이죠. 이 책은 고전에 깃든 지혜를 현대 부모에게 맞춰 재해석하고 실전 육아에 적용해, 육아에 품격을 더하고자 했습니다. 부모의 품격은 아이를 격조 있게 키우는 힘입니다. 아울러 부모의 문해력도 높이는 품격 있는 육아, 품격 있는 부모의 길을 지금부터 함께 걸어가 봅시다.

임영주

차례

고전을 통해 품격 있는 부모로 성장하기 — 04
이 책의 활용법 — 08

Part 1 마음을 여는 소통의 지혜

1장	잘 들어야 마음을 얻는다	14
2장	아이 입장에서 생각하기	22
3장	추임새 대화법	30
4장	때로는 '무심함'이 현명하다	38
5장	멈춤과 가벼움이 필요하다	46
6장	부모가 새겨야 할 소통의 자세	52
7장	아이를 감싸는 마음의 전환	60
8장	손가락이 아니라 달을 보라	68

Part 2 품격 있는 훈육, 지혜로운 감정 조절

9장	울타리 교육	78
10장	아이의 발달을 이해하는 공감 훈육	86
11장	함부로 대하지 않기	94
12장	화와 말은 신중하게	100
13장	이성을 잃으면 다 잃는다	106
14장	쉽게 하는 훈육일수록, 아이 마음을 잃기 쉽다	112
15장	기(氣) 살리는 육아 vs 기(氣) 죽이는 육아	120
16장	부모 감정이 개입되면 위험하다	128

Part 3 부모의 자각과 실천: 내가 먼저 바뀌기

17장	교육의 끈을 놓지 않는다	138
18장	부모가 다 해주면 아이가 자랄 공간이 없다	144
19장	역경과 결핍이 경쟁력이 된다	150
20장	'나부터 돌아보기'의 힘	156
21장	아이를 볼 때 '편견'이 아닌 '사실'을 보라	162
22장	못 본 척, 안 들은 척, 모르는 척	170
23장	내 자식 내 마음대로?	176
24장	부모도 실수한다	184

Part 4 함께 성장하는 부모와 아이

25장	부모의 태도, 존중과 여유의 육아	194
26장	육아를 즐기는 법	200
27장	사소한 습관이 인생이 된다	206
28장	지금 현재를 아이와 즐기고 계신가요?	212
29장	부모의 인간관계가 아이에게 미치는 영향	218
30장	부모의 품격이 만드는 아이의 미래	228

"함께 성장한다는 것"   236

이 책의 활용법

고전의 문구는
다양한 해석과 적용이 가능합니다.

배우자나 독서 모임 등에서 읽고 나서
각자의 상황과 의견을 나누어 보세요.
서로의 경험을 공유하며 고전의 지혜를 실제로 적용해보면
더욱 풍부한 깨달음을 얻을 수 있습니다.
'필사노트'나 '내 육아 상황에 적용해보기' 또한 써보고
서로의 의견을 나누면 훨씬 좋습니다.

1 하루 한 장씩, 부담 없이 읽으며 실천하기

- 한꺼번에 몰아 읽기보다, 하루에 한 장씩 읽고 싶은 부분을 읽어보세요.

- 각 장의 고전문구, 육아 사례, '품격 한 스푼'을 차분히 적용해보며, 하루하루 작은 변화를 시도합니다.

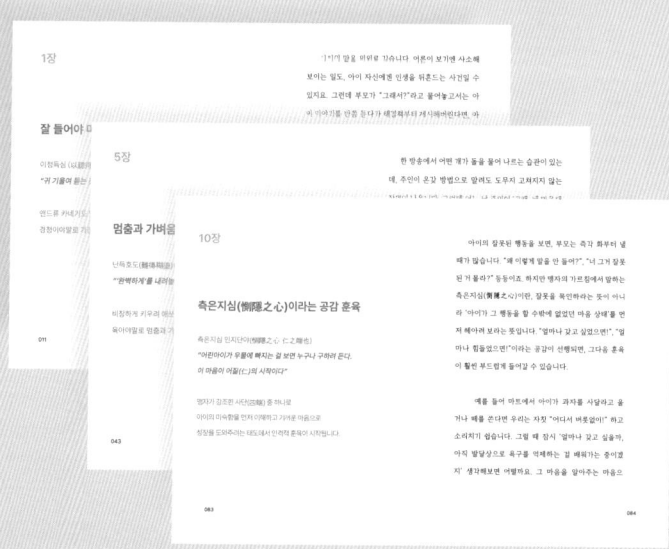

2 필사(筆寫)와 '품격 한 스푼'으로 습관화하기

- 책 속에서 인상 깊은 구절을 필사해보면, 마음에 더 깊이 새길 수 있습니다.

- 각 장 마지막의 '품격 한 스푼'을 일상 속 행동으로 구체화해, 실천 습관을 쌓아가세요.

3 함께 토론·공유하기

- 배우자, 부모 모임 등에서 함께 읽으면 시야가 더 넓어집니다.

- 서로의 육아 경험과 느낀 점을 나누면서, "나는 이렇게 해볼게", "이건 좋았다" 등의 구체적 아이디어를 얻을 수 있습니다.

4 일상 속 즉각 참조·피드백하기

- 현실 육아에서 막히는 상황이 생기면, 해당 장(章)을 곧바로 찾아 실마리를 얻어보세요.

- '오늘 아이와 다퉜는데 어떻게 대처할까?' 등 문제 상황이 떠오를 때마다, 간단히 책 내용을 되짚고 스스로 태도나 말투를 점검해보면 실질적 도움이 됩니다.

疏通 소통
서로 통하여 오해가 없음

Part 1

마음을 여는
소통의 지혜

1장

잘 들어야 마음을 얻는다

이청득심(以聽得心)
"귀 기울여 듣는 것이 곧 사람의 마음을 얻는 길"

몸을 기울이고, 귀를 기울이고, 마음을 기울이는 것.
경청이야말로 가장 강력한 설득이자 사랑의 방식입니다.

아이의 말은 의외로 깊습니다. 어른이 보기엔 사소해 보이는 일도, 아이 자신에겐 인생을 뒤흔드는 사건일 수 있지요. 그런데 부모가 "그래서?"라고 물어놓고서는 아이 이야기를 반쯤 듣다가 해결책부터 제시해버린다면, 아이 입장에서는 "엄마는 내 얘기를 완전히 들을 생각이 없구나"라고 느낄 수밖에 없습니다.

경청이란 단순히 고개만 끄덕이는 게 아니라, 말하는 사람의 호흡과 감정 흐름을 온전히 따라가 주는 작업입니다. 고전에서 '이청득심(以聽得心)'이라고 한 것도, '상대방 말을 온전히 듣는 게 곧 그 마음을 얻는 지름길'임을 강조하며 그만큼 쉽지 않은 것을 알려줍니다.

실제로 듣기는 말하기보다 훨씬 어려운 기술입니다.

우리가 말할 때는 평소 습관대로 속사포처럼 자기 의견을 꺼내지만, 듣기는 '더디고 기다림'이 필요한 작업입니다. 게다가 아이들이 말문을 열기까지 기다리는 건 어른 입장에선 꽤 답답하게 느껴질 수도 있지요.

"뭔가 결론을 내야 해!"라는 조급함을 내려놓고, 2~3초 동안 기다린 후 "응, 그랬어?", "그래서?" 정도로만 반응해 보세요. 아이에게 잠시 숨 고르며 생각할 수 있는 시간을 줘야, 마음속 이야기를 끝까지 꺼내볼 수 있습니다.

아이에게 '말할 권리'를 충분히 주는 건, 부모가 먼저 '답정너'나 '가르치려 드는 태도'를 내려놓겠다는 선언과도 같습니다. "그럴 줄 알았지", "그러니까 너는…"으로 시작하면 아이는 곧바로 입을 닫아버립니다. 대신 "그랬구나, 어떻게 됐는데?" 같은 반응을 보여주면 아이는 계속 말을 이어갈 수 있는 동력을 얻습니다. 이때 부모는 굳이 해답을 주지 않아도 좋아요. 아이가 충분히 자기 상황과 감정을 말해보는 것만으로도 큰 위안을 얻습니다.

부모가 처음부터 완벽히 듣기는 어렵겠지만, 조금씩 아이 말 끊지 않고 들어보기를 연습하다 보면, 아이 마음이 널리는 경험을 하게 됩니다. "엄마가 정말 내 얘기를 들어주네?" 하고 느끼는 순간, 아이는 더 디테일하고 솔직한 감정을 이야기합니다. 그렇게 쌓인 신뢰가 부모와 자녀 사이를 단단하게 연결해 주죠. 결국 말 잘하는 것보다 훨씬 중요한 건, '듣기'를 잘하는 부모가 되어주는 일입니다.

품격 한 스푼

화려한 조언보다도 "그랬어? 그래서 어떻게 됐어?"라고 진심으로 물어봐 주는 경청이 아이 마음을 끌어당깁니다. 서둘러 결론을 내리기보다, 아이가 끝까지 말하도록 잠깐의 기다림을 가져보세요.

以聽得心

이청득심

"귀 기울여 듣는 것이
곧 사람의 마음을 얻는 길"

필사노트

내 육아 상황에 적용해보기

2장

아이 입장에서 생각하기

역지사지(易地思之)

"처지를 바꾸어 생각해 보다"

맹자 『이루편』에서 유래한 이 말은

육아에서도 '아이의 입장에서 생각해 보라'는 교훈을 줍니다.

중학생 딸이 학교에서 돌아와 인사도 없이 방으로 들어갔다면, 부모는 "오늘 잘 지냈어?" 정도로 가볍게 물을 수 있습니다. 그런데 대뜸 "왜 그렇게 무뚝뚝해! 엄마가 걱정하잖아!"라고 몰아붙이면, 아이는 '집에서도 스트레스를 준다'고 느낄지 몰라요.

역지사지(易地思之)는 맹자가 말했듯, 처지를 바꾸면 누구나 비슷한 감성을 느낀다는 뜻입니다. 어른인 나도 피곤하고 예민할 때는 대화하기 싫은 날이 있듯, 아이도 자기만의 시간을 간절히 원할 때가 있죠. 어른들은 아이에게 말을 걸면 대답해야 한다고 생각하지만, 아이도 그러고 싶지 않을 때가 있어요. 어른들도 퇴근 후 집에 오면 아무 말도 하기 싫거나, 편하게 소파에 누워 있고 싶을 때가 있잖아요.

그러니 아이 입장에서는 '조금만 기다려주면 스스로 얘기를 꺼낼 수도 있는데, 굳이 왜 물고 늘어지지?'라고 생각할 수 있습니다. 이처럼 순간순간에 '내가 아이였으면 어떨까?'라고 떠올려보면, 쓸데없이 잔소리하거나 감정을 폭발시키는 일을 줄일 수 있습니다.

특히 사춘기 아이는 예민한 시기입니다. 집에서 편히 쉬고 싶은데 부모가 이것저것 묻거나 지적하면, 숨 쉴 틈이 없다고 느낄 수 있습니다. 물론 부모 입장에서는 "오늘 하루 어땠는지 알고 싶다"는 순수한 마음이겠지만, 아이 시선에선 '오자마자 질문 폭탄'으로 받아들여질 수도 있죠. 역지사지를 실천하면, "내가 한창 사춘기일 때 엄마가 계속 캐물었다면 어땠을까?"를 떠올려 볼 수 있고 그 기억이 '잠시 기다려줄까?' 하는 배려로 이어집니다.

아이와 갈등이 생길 때마다 "왜 말을 안 듣니?"보다는 "어쩌면 네가 그럴만한 이유가 있었을 거야"라는 접근으로 바꿔보세요. 당장 상황이 해결되지 않아도, 아이는 '엄마가 내 편에서 이해하려 하는구나'라고 느낄 겁니다. 이솝우화 『바람과 해님』처럼 강하게 몰아치는 바람보다 다사롭게 바라보는 해님의 미소 같은 부모가 아이의 말문을 열게 합니다. '내가 너였으면 이렇게 느끼지 않았을까?'라는 역지사지(易地思之)의 시선이 아이의 마음을 열고 거리감을 좁히는 첫걸음이 됩니다.

품격 한 스푼

갈등이 생길 때, "너, 왜 그래?" 대신 "네가 힘들었겠구나"라고 말해보세요. 아이가 '내 입장을 이해하는구나'라고 느낄 때, 대화의 문이 열립니다.

易地思之

역지사지

"처지를 바꾸어 생각해 보다"

필사노트

내 육아 상황에 적용해보기

3장

추임새 대화법

판소리의 추임새

"얼쑤, 좋다, 그렇지!"

추임새가 명창을 흥나게 하듯

아이와의 대화에서도 추임새가 큰 힘을 발휘합니다.

아이와 대화를 할 때, 무심결에 "그래? 그래서?" 한두 마디 던지고 나서는, 그 뒤로 곧바로 '부모 코멘트 타임'이 이어지는 경우가 많습니다. 그런데 판소리를 보면 고수(북 치는 사람)가 던지는 "얼쑤!", 좋다!" 같은 추임새가 명창을 훨씬 흥나게 하고, 관객에게도 재미를 선사하잖아요.

아이와의 대화에서도 비슷한 마법이 일이납니다. 아이가 "오늘 학교에서 이런 일이 있었어"라고 입을 열면 "어머, 그랬어?", "그래서 어떻게 됐는데?" 같은 추임새를 중간중간 넣어주면 아이가 계속 이야기하고 싶은 동력을 얻습니다.

반대로 부모가 중간에 말을 끊고 "그게 뭐가 대단

해?", "결국 네가 잘못한 거 아니야?"라고 반응하면, 아이는 '아, 이건 대화가 아니라 잔소리로 가는구나' 하고 말문을 닫아버립니다. 부모가 적절히 "오, 정말?", "우와, 그런 일이 있었구나"처럼 감탄사를 써주면, 아이는 '내 말에 관심이 있구나'라고 느끼게 되지요. 이건 꾸며낸 리액션이 아니라, 진심으로 '네 이야기를 듣고 있다'는 마음의 표현입니다. 처음에는 이런 반응이 어색할 수 있지만, 조금씩 연습하면 자연스러운 반응이 가능합니다.

특히 말을 적게 하는 아이나 사춘기 아이에게 이 방법이 유효합니다. 질문만 던지면 "몰라요"로 끝났던 아이도, "오, 그랬어?", "그래서?"라고 추임새를 넣어주면 이어서 조금 더 풀어내곤 하죠. 단, 추임새로 끌어낸 이야기를 부모가 중간에 결론지으면 안 됩니다. 아이가 말끝을

흐려도, 그 침묵의 시간을 조금 기다렸다가 "그래서 어떻게 됐어?"라고 다시 물어주면, 생각보다 더 많은 이야기가 나올 수 있어요. 이런 '맞장구'와 흥나게 하는 '추임새'가 아이와 부모 대화의 윤활유가 되어줍니다.

한 가지 유의할 점은, 추임새를 넣으면서 '답정너'로 몰아가면 안 된다는 것입니다. 부모님이 "오, 정말?" 하며 추임새를 넣더니, 바로 결론을 내리던 아이는 "엄마는 맨날 엄마 말만 하잖아" 할 테니까요. '추임새 대화법'을 성공시키려면, 대화 중간중간 긍정적인 감탄사를 충분히 건네고, 아이가 스스로 이야기하도록 간간이 열린 질문을 던지며 부모는 한 박자 쉬어가는 템포가 있어야 합니다.

품격 한 스푼

추임새는 "좋다!", "얼쑤!"처럼, 아이가 흥이 오르도록 북돋우는 응원입니다. "어머, 그랬구나!", "우와, 더 들어보고 싶다!"로 아이 마음을 활짝 열어주세요.

판소리 추임새

"그래, 그랬어?"

"그랬구나!"

필사노트

내 육아 상황에 적용해보기

4장

때로는 '무심함'이 현명하다

난득호도(難得糊塗) ①
"똑똑한 사람이 일부러 바보처럼 보이기 어렵다"

이 반어적 표현은, 때로는 모든 걸 통제하기보다 '넘어가 주는' 부모 태도가 지혜임을 알려줍니다.

아이에게 문제 행동이 보일 때, 부모는 즉각 개입하고 싶어집니다. "게임 좀 그만해!", "지금 몇 시니?", "숙제 아직 안 했어?" 등등으로 매사 철저히 통제해야만 아이가 삐뚤어지지 않을 거라고 믿죠. 그런데 사실 아이는 어느 정도는 부모의 감시와 통제가 아닌 스스로의 통제 하에 조절 능력을 길러야 하는 시기가 있습니다. 난득호도(難得糊塗)란 '똑똑한 사람이 일부러 바보처럼 보이긴 어렵다'는 뜻이지만, 육아에선 '부모가 모든 걸 알아도 굳이 드러내지 않고 한 걸음 물러서기'를 가르쳐줍니다.

부모가 너무 똑똑한 티를 내며 간섭하면, 아이는 스스로 행동을 통제할 기회를 잃습니다. 예를 들어 휴대폰 게임을 조금만 더 하다 그만두려 했는데, 아빠가 "너 또 게임이야?"라고 소리치면 아이는 반발심에 더 오래 게임을 하거나, 몰래 할 궁리를 하게 되지요. 만약 "10분 후에 식사할 거야" 하며 잠시 기다리면, 아이가 "아빠, 이제 그만할게" 하면서 스스로 끄는 경험을 할 수도 있습니다. 부모는 그때 "응, 그래, 밥 먹자"라고 자연스럽게 반응하면 되지요.

물론 부모가 무조건 가만히 있으면 안 되는 상황도 있습니다. 아이가 위험한 행동을 하거나, 명백히 잘못된 도덕적 문제를 일으키는 경우는 즉시 개입해야죠. 난득호도(難得糊塗)의 본질은 '방임'이 아니라 '필요 이상의 개입을 잠시 줄이는 것'입니다. 아이가 스스로 실수하고 불편함을 겪어보는 경험이 때론 최고의 선생님이 됩니다. 눈앞의 잔소리가 없어진다면, 아이 입장에서는 "그럼 어떻게 해결하지?"를 직접 고민하게 될 테니까요.

한 번 실패해 본 아이는 '늦게까지 게임 하다 잠을 설치면 아침이 얼마나 괴로운지'를 몸으로 배웁니다. 얕은 실패에서 배우는 걸 부모가 전부 막아주면, 아이는 오히려 나중에 더 큰 실패에 노출될 가능성이 커져요. 그러니 '이번엔 그냥 둬볼까?' 하는 시도를 해보시면 어떨까요.

아이가 스스로 잘 관리할 거라 믿고 부모님이 모르는 척 기다리면, 아이는 긴장 속에서 자기 행동을 점검하게 됩니다.

품격 한 스푼

부모가 모든 걸 안다고 티 내지 말고, 한 템포 쉬어가는 난득호도(難得糊塗)가 아이를 성장시킵니다. 안전을 해치지 않는 한, 가끔은 **"괜찮아, 네가 알아서 해봐"**라고 맡겨보세요.

難得糊塗

난득호도

"똑똑한 사람이 일부러 바보처럼 보이기 어렵다"
가끔은 넘어가 주는 부모가 지혜로운 부모입니다.

필사노트

내 육아 상황에 적용해보기

5장

멈춤과 가벼움이 필요하다

난득호도(難得糊塗) ②

"'완벽하게'를 내려놓고 '어리숙하게'도 좋다"

비장하게 키우려 애쓰면 웃을 일이 없습니다.
육아야말로 멈춤과 가벼움의 용기가 필요합니다.

한 방송에서 어떤 개가 돌을 물어 나르는 습관이 있는데, 주인이 온갖 방법으로 말려도 도무지 고쳐지지 않는 장면이 나옵니다. 그런데 어느 날 주인이 '그래, 네 마음대로 해봐' 하고 관심을 끊었더니, 개가 스스로 그만두었죠. 매사 챙겨주고 진지하게만 육아하는 부모에게 의미심장하게 다가오는 일화입니다. 아이의 문제 행동도 때로 비슷합니다. 부모가 지나치게 간섭하고 잔소리하면 오히려 그 행위를 강화시키는 '부정적 관심'이 될 수도 있거든요.

육아에서 "안 돼!", "그렇게 하지 마!"가 필요하지만 매번 반복하면, 아이가 더 격하게 반응하는 경우가 있습니다. 부모가 안된다고만 하면, '내가 더 할 거야!'라는 심리가 작용하기도 하죠. 그런 상황에서 한 번쯤 '과감히 무시'하는 전략을 시도해보면 어떨까요. 아이가 큰 잘못이나 위험에 빠진 게 아니라면, 조금은 마음을 가볍게 하고 '아이 스스로 멈출 거야'라며 바라보는 겁니다.

부모가 이런 태도를 보이면, 아이는 '아, 이제 날 구속하거나 지적하는 사람이 없네?' 하다가도 스스로 한계를 느낄 수 있습니다. 텔레비전을 하루 종일 보면 시큰둥해지고 지루해지는 시점이 오고, 과자를 계속 먹으면 뒤탈이 나는 것도 경험할 수도 있죠. 이런 과정을 통해 아이는 "내가 너무 과했나?"를 깨닫게 되고, 다음부턴 조절할 가능성이 높아집니다.

멈춤과 가벼움의 용기는 결코 아이를 방치한다는 뜻이 아닙니다. 여기서 말하는 건 '충분히 모니터링하되 매사 즉각 개입은 하지 않는다'는 개념에 가깝습니다. '그래, 자꾸 간섭하지 말고 기다려보자' 하는 마음이죠. 아이가 스스로 불편함이나 결과를 체감할 때, 본인도 성장하고 부모와의 갈등도 훨씬 줄어듭니다.

품격 한 스푼

매 순간 "안 돼!" 하고 가로막기보다, 가끔은 지켜봐 주세요. 아이가 스스로 한계를 깨달을 때, 부모의 강압적인 말 없이도 행동을 고치는 계기가 됩니다.

難得糊塗

난득호도

"'완벽하게'를 내려놓고 '어리숙하게'도 좋다"

필사노트

내 육아 상황에 적용해보기

6장

부모가 새겨야 할 소통의 자세

군자유구사(君子有九思)
"지혜로운 사람에게는 아홉 가지 생각이 있다"

현명하고 지혜로운 사람이 가진 아홉 가지 생각 중 청사총(聽思聰)·색사온(色思溫)·언사충(言思忠)·의사문(疑思問)은 자녀와의 소통에 직접 적용할 수 있는 지침입니다.

『논어』의 군자유구사(君子有九思)는 군자에게 아홉 가지 생각이 있다는 말입니다. 이를 육아에 적용하면, 상황마다 '나는 어느 지점을 놓치고 있을까?'를 스스로 점검해 볼 수 있죠. 예컨대 청사총(聽思聰)은 "아이가 말하는데 내가 과연 똑똑히 듣고 있는지" 떠올리라는 겁니다.

1. 청사총(聽思聰)
: 아이 말은 충분히 듣고(경청) 판단

2. 색사온(色思溫)
: 얼굴빛은 온화하게, 표정이 너무 무섭진 않았는지

3. 언사충(言思忠)
: 말은 진정성 있게, 아이 앞에서 거짓말은 금물

4. 의사문(疑思問)
: 의심되면 추측 대신 아이에게 먼저 물어보기

육아에선 순간순간 숨 돌릴 틈 없이 여러 문제가 튀어나옵니다. 아이가 엉뚱한 짓을 하면 바로 잔소리하게 되고, 숙제를 미루면 화를 내며 닦달하기도 쉽죠. 하지만 앞의 '네 가지 생각'을 알고 있으면, '내가 지금 언사충(言思忠)을 지키고 있나? 말에 진심과 정성을 담고있나? 아니면 습관적인 비난을 쏟고 있나?'라고 돌아볼 기회를 얻습니다. 또, 아이에게 궁금한 부분이 있으면 '아이에게 먼저 물어본다'는 의사문(疑思問)을 떠올리면 추측이나 억측을 덜 수 있습니다.

이처럼 막연한 태도가 아니라 구체적인 '항목'으로 체크할 수 있으면, 부모 스스로 한 단계 성찰하게 됩니다. 아이가 말을 끊고 방으로 들어가면, '내가 혹시 화난 얼굴로 대해서 색사온(色思溫)을 어겼나?' 하고 돌아보거나, '아이 말 중간에 내가 결론부터 말했네. 그럼 청사총(聽思聰)을 어겼구나' 식으로 자각할 수 있지요. 그렇게 하나하나

체크해가다 보면, 어느 순간 '잔소리 폭발'로 가던 길을 멈추고 대화다운 대화를 할 수 있습니다.

아홉 가지 항목을 모두 적용하기에 부담스럽다면, 한 번에 한 항목씩 익혀보세요. 이번 주는 "똑똑히 듣기(청사총 聽思聰)에 집중!" 그다음 주는 "말에 진정성 담기(언사충 言思忠) 실천!" 이런 식이면 조금씩 습관화가 가능합니다. 아이가 중학생 이상이라면, 이 내용을 공유하며 "아빠도 이거 노력 중인데, 내가 어길 때 알려줄래?"라고 해보는 것도 좋습니다. 아이가 "아빠, 지금 '화난다고 함부로 하지 말자'는 말 떠올리고 있어!"라며 너스레를 떤다면 서로 웃을 수 있지요. 가족 모두가 함께 성장하는 걸 느낄 수도 있습니다.

품격 한 스푼

소통의 태도를 부모 일상에 적용하면, 잔소리와 충돌을 미리 점검할 수 있습니다. 처음엔 쉽지 않아도, 한 항목씩 체크해 보면 아이와의 대화와 훈육이 훨씬 부드러워집니다.

부모가 새겨야 할 소통의 자세

1. 청사총(聽思聰)
: 아이 말은 충분히 듣고(경청) 판단

2. 색사온(色思溫)
: 얼굴빛은 온화하게, 표정이 너무 무섭진 않았는지

3. 언사충(言思忠)
: 말은 진정성 있게, 아이 앞에서 거짓말은 금물

4. 의사문(疑思問)
: 의심되면 추측 대신 아이에게 먼저 물어보기

필사노트

_____

_____

_____

_____

_____

_____

내 육아 상황에 적용해보기

7장

아이를 감싸는 마음의 전환

책인지심(責人之心), 대인춘풍(待人春風)
"혹독하게 책망하는 마음이 아니라
봄바람처럼 부드럽게 대하자"

아이 실수에 너그러움으로 대하고
부모 자신도 자책 대신 관용으로 품어주는 태도야말로
부모의 품격입니다.

부모라면 누구나 아이가 잘못했을 때 '다시는 이런 실수를 하지 않도록 주지시켜야겠다'는 의무감을 느낍니다. 부모가 아이를 꾸짖고 가르치려 드는 것은 자연스러운 일이지요. 문제는 그 방식이 과하거나 반복될 때입니다. 아이가 이미 자기 실수를 인지하고 반성 중인데, 부모가 한 번 더 몰아붙이면 어떻게 될까요? 부모는 '가르치는 과정'이라 생각할지 몰라도, 아이 입장에서는 "내가 이미 스스로 반성하고 자책도 하고 있는데, 왜 자꾸 나를 나무라지?"라는 억울함이 들 수 있습니다.

　　맹자는 남의 잘못에 지나치게 엄격한 잣대로 꾸짖는 책인지심(責人之心) 태도를 경계하라고 가르칩니다. 이 지혜를 육아에 적용해 보면, 육아의 품격이 달라집니다. 예컨대 아이가 시험을 망쳐 속상해하고 있다면, 부모가 먼저 "괜찮아, 그럴 수 있어" 하며 아이의 실망감을 덜어주어야 합니다. "다음엔 실수하지 말고 침착하게 해"라는 말은 안 해도 됩니다. 아이도 충분히 알고 있어요. 대신 "엄마·아빠가 도와 줄 게 있을까?"라고 물어봐주세요. 아이 마음도 편안해지며 부모님의 도움을 받아 실력을 향상시킬 계기도 되니까요.

반대로 부모가 "왜 그렇게 했어! 정신 안 차릴래?"라고 몰아붙이면, 아이는 자책하던 마음에 이중공격을 받습니다. 그러다 보면 '반성'은 뒷전이 되고 '엄마는 실수 안 하나? 내 기분은 알아주지도 않네!'라는 서운함만 생기지요. 이런 상황이 반복되면, 아이는 실수나 잘못은 물론 어떤 것도 부모에게 말하지 않게 됩니다. 대화 단절이라는 커다란 문제가 생기게 되는 것이지요.

책인지심(責人之心) 대신 대인춘풍(待人春風)을 발휘해 보세요. "어떡해, 많이 속상했겠다. 엄마도 이런 실수 해본 적 있어" 이런 공감 표현이 아이 마음에 숨 쉴 틈을 열어줍니다. '부모가 내 편이구나'라는 믿음이 생기면 아이는 자신이 무엇을 실수하고 잘못했는지 스스로 돌아볼 수 있습니다. 이런 분위기에서 비로소 "어떻게 하면 좋을까?"라는 발전적 대화가 가능해지지요.

부모가 꼭 기억해야 할 점은, "내가 이걸 지적해야 하나?"를 잠깐 고민해 보는 것입니다. 만약 아이가 스스로 깨닫고 있거나 반성하고 있다면, 부모는 조금은 가볍게 "힘들었지, 괜찮아"라는 말을 해주면 충분합니다. 부모의 '너그러움'은 어떤 호된 질책보다 효과가 큽니다. 아이가 자기 판단과 반성을 더 깊고 건강하게 할 수 있게 하니까요.

품격 한 스푼

아이가 스스로 잘못을 깨달았을 때는, 굳이 거듭된 꾸짖음으로 몰아붙이지 마세요. "괜찮니?", "속상하겠구나"라는 따뜻한 한마디가 백 마디 가르침보다 아이를 더 성장시킵니다.

責人之心, 待人春風

책인지심, 대인춘풍

"혹독하게 책망하는 마음이 아니라
봄바람처럼 부드럽게 대하자"

필사노트

내 육아 상황에 적용해보기

8장

손가락이 아니라 달을 보라

견월망지(見月妄指)

"달을 보라 했더니, 손가락만 본다"

핵심(달) 대신 아이 태도(손가락)에 집착하면 대화만 어긋납니다. 본질에 집중하는 것, 품격 육아의 시작입니다.

부모가 아이에게 "잠깐 와봐, 할 얘기가 있어"라고 부를 때, 아이는 시큰둥한 태도로 "왜?" 하고 대꾸할 수 있습니다. 무례한 말투처럼 들리지만, 아이 입장에선 "응? 뭐야?" 정도로 대답한 것일 수도 있지요. 문제는 부모가 이때 "너 그 태도가 뭐니?", "말투가 왜 그래?"라고 지적하기 시작하면, 정작 부모가 말하고자 했던 본질(달)은 사라지고 아이 태도(손가락)만 놓고 신경전을 벌이게 됩니다.

이런 상황은 생각보다 흔합니다. 부모는 아이를 부를 때, "이번 주말에 어떻게 보낼까?" 같은 즐거운 이야기를 하려 했는데, 아이가 '에이, 귀찮아' 같은 분위기를 만든다고 생각한 부모는 그 태도부터 지적하니 대화가 꼬이는 것이지요. 아이는 억울합니다. "나는 그냥 대답한 건데 왜 이렇게 화를 내지?" 하고요. 결국 서로 기분만 상한 채로 말싸움을 하다 끝나기 일쑤입니다.

견월망지(見月忘指)는 달을 보라고 손가락으로 가리켰는데, 상대방은 달은 안 보고 손가락만 본다는 뜻입니다. 대화에서도 부모가 말하고 싶었던 핵심(달)을 놓치고, 아이의 사소한 말투(손가락)만 계속 문제 삼으면 대화는 산으로 갑니다. 때로 아이의 태도가 거슬릴 수 있지만, 그걸 문제삼기보다 '내가 애초에 무엇을 말하고 싶었지?'를 떠올려 보세요.

예를 들어 아이가 건들건들 앉아 있다고 해서, "너 자세가 그게 뭐야!"라고 지적하기보다, "오늘 주말에 뭘 하면 좋을까? 한번 생각해 볼래?" 하고 본 주제부터 끌어오는 거죠. 그럼 아이가 '아, 주말 계획을 의논하고 싶으신 거구나' 하고 주제에 집중할 수 있습니다. 일단 얘기가 잘 오간 뒤, 마지막에 살짝 "다음부턴 조금만 더 눈을 맞춰주면 좋겠어"라고 언급하면 아이도 거부감 들지 않고, 올바른 태도에 대해 배우게 됩니다.

반대로 태도부터 지적하면, 아이는 방어적으로 나오기 마련입니다. "내가 뭘 어쨌다고!", "아, 됐다고!" 이런 식으로 대화가 격해지지요. 결국 부모와 아이가 '이야기하고자 했던 주제'가 사라지고, 서로 기분만 상하는 상황으로 변질됩니다.

부모가 먼저 '내가 진짜 하고 싶은 말은 무엇인가'를 명확히 기억하고, 아이 태도가 약간 미흡해도 일단 대화 흐름을 이어가는 쪽이 훨씬 유익합니다. 아이가 조금 건성

이어도 대화에 집중하세요. 이 대화의 핵심은 태도를 잡아주는 것이 아니라, 서로가 '듣고 말하려는 마음가짐'을 유지하는 것입니다. 또한 중요한 것은 아이의 바람직하지 않은 태도를 말한 후에는 '잊어야'한다는 점입니다. 이후 반복해 끄집어내지 않는 것이 견월망지의 핵심이지요.

품격 한 스푼

아이 태도가 거슬려도 '내가 지금 나누고 싶은 본론(달)은 무엇인가?'를 떠올리세요. '손가락(태도)'에만 매달리면 본질적 대화가 사라지고, 갈등만 깊어지며 관계만 나빠집니다.

見月妄指

견월망지

"달을 보라 했더니 손가락만 본다"

필사노트

내 육아 상황에 적용해보기

品格 품격
사람 된 바탕과 성품에서 느껴지는 품위

Part 2

품격 있는 훈육
지혜로운 감정 조절

9장

울타리 교육

훈육(訓育)
"가르쳐 기른다"
지독지애(舐犢之愛)
"어미 소가 송아지를 혀로 핥아주는 사랑"

울타리 교육이란, '최소한의 규칙 속에서 최대한의 자유'를 주어 아이가 안전하고 건강하게 자율성을 키우도록 돕는 방식을 말합니다.

『후한서』에 나오는 '지독지애(舐犢之愛)'는 부모의 지극한 사랑을 비유합니다. 동시에 그 사랑이 지나쳐 '훈육'을 게을리하면 자식의 장래를 그르친다는 뜻으로도 쓰이지요. 하지만 훈육은 말처럼 쉽지 않습니다. 아이에게 규칙을 전혀 안 두면 '방임'이 되고, 규칙을 너무 많이 두면 '과잉 통제'가 됩니다. 최소한의 규칙과 최대한의 자유를 어떻게 조화시키느냐가 관건이지요. 울타리 교육이 필요합니다.

이를테면 "밤 10시 이후엔 게임 NO" 같은 명확한 규칙을 몇 가지 정해두고, 그 범위 안에서는 아이가 스스로 결정할 수 있게 두는 식입니다. 이런 방식을 '울타리 교육'이라 부르는데, 마치 목장의 넓은 울타리 안에서 소가 자유롭게 뛰놀되, 밖으로 벗어나진 못하게 하는 원리와 비슷합니다.

아이도 간절하게 '안전 울타리'를 원합니다. '이건 절대 안 된다'는 부모의 기준이 흔들리면, 아이는 매번 어디까지 허용인지 헷갈려서 오히려 불안해지기 쉽습니다. 그래서 아이에게 "우리 집은 폭력이나 욕설, 거짓말은 절대 안 된다. 약속은 지킨다" 같은 분명한 가치를 알려주면, 그걸 어겼을 때는 일관성 있게 대처해야 해요. 아이가 규칙을 무너뜨리려 해도, "이건 절대 타협이 안 돼"라고 단호히 말해야 합니다. 다만, 그 외 부분은 가능한 한 아이가 선택하게 해주는 거죠.

문제는 부모가 종종 마음 약해져 "에이, 오늘만 봐준다"라고 해버릴 때 생깁니다. 그러면 아이는 "떼 쓰면 결국 돼!"라는 잘못된 학습을 하게 됩니다. 반대로 이유 설명 없이 "이건 안 돼, 무조건 안 된다고!"라고만 하면 아이가 납득하지 못하고 반발심이 쌓입니다. 따라서 "밤 늦게 게임 하면 잠을 제대로 못 자고 학교 갈 때 힘들잖아. 그래서 10시 이후엔 안 돼"라는 식으로 정확하게 말해야 아이도 받아들이기가 쉽습니다.

이처럼 규칙을 정하고, 안 되는 건 안 된다고 말한 뒤, 그 외엔 "네가 알아서 해봐"라고 자유를 주면 아이는 '내가 결정할 수 있는 영역도 있구나' 하고 스스로 현명한 생각을 하게 됩니다. 시행착오도 겪겠지만, 그것이 바로 아이가 커나가는 과정입니다. 최소한의 울타리를 쳐두면 아이도 '마음껏 뛰어놀아도 여기까진 괜찮구나'라고 안정감을 얻어, 자유롭게 그리고 맘껏 자기만의 선택과 경험을 쌓아갈 수 있게 됩니다.

품격 한 스푼

규칙을 어겼을 땐 '왜 안 되는지'를 짧고 분명하게 설명하고 일관성을 보여주세요. 그 외엔 아이에게 맡겨 자유롭게 행동하게 하는 것이 '울타리 교육'의 핵심입니다.

訓育

훈육

"가르쳐 기른다"

사랑만 지나치고 훈육이 없으면 아이가 배움이 없다.

필사노트

내 육아 상황에 적용해보기

10장

아이의 발달을 이해하는 공감 훈육

측은지심 인지단야(惻隱之心 仁之端也)
"어린아이가 우물에 빠지는 걸 보면 누구나 구하려 든다.
이 마음이 어짊(仁)의 시작이다"

맹자가 강조한 사단(四端) 중 하나로

아이의 미숙함을 먼저 이해하고 기꺼운 마음으로

성장을 도와주려는 태도에서 인격적 훈육이 시작됩니다.

아이의 잘못된 행동을 보면, 부모는 즉각 화부터 낼 때가 많습니다. "왜 이렇게 말을 안 들어?", "너 그거 잘못된 거 몰라?" 등등이죠. 맹자의 가르침에서 말하는 측은지심(惻隱之心)이란, 잘못을 묵인하라는 뜻이 아니라 '아이가 그 행동을 할 수밖에 없었던 마음 상태'를 먼저 헤아려 보라는 뜻입니다. "얼마나 갖고 싶었으면!", "얼마나 힘들었으면!"이라는 공감이 선행되면, 그다음 훈육이 훨씬 부드럽게 들어갈 수 있습니다.

예를 들어 마트에서 아이가 과자를 사달라고 울거나 떼를 쓴다면, 우리는 자칫 "어디서 버릇없이!" 하고 소리치기 쉽습니다. 그럴 때 잠시 '얼마나 갖고 싶을까, 아직 발달상으로 욕구를 억제하는 걸 배워가는 중이겠지' 생각해 보면 어떨까요. 그 마음을 알아주는 마음으로 대하면 모진 말이 나오는 걸 예방합니다. 아이의 요구를 다 들어주라는 건 아닙니다. 마음은 알아주되 단호하게 "사줄 수 없어. 왜냐하면…" 하고 이유를 설명하면, 아이도 거부감을 덜 느낍니다. 아이로서는 '내 욕구 자체를 부정당한 게 아니구나'라고 안심할 테니까요.

이 공감적 접근은 '공감 훈육'으로 이어집니다. "아직 미숙해서 그렇지, 그러면 안 된다"는 이 두 축이 균형을 이루면, 아이는 '내 마음을 이해받지만, 해야 할 건 해야 하는구나' 하고 받아들이게 됩니다. 만약 공감 없이 혼내기만 한다면 아이는 부모를 두려워하거나 반항심을 품을 수 있고, 반대로 규칙 없이 공감만 한다면 그저 방임이 되겠지요. '측은지심'은 이런 균형을 잡아주는 핵심 기제가 됩니다.

부모 자신이 힘들 때도 마찬가지예요. 내가 지쳤다는 이유로 아이에게 "네가 문제야!" 하고 책임을 돌리면 안 됩니다. "오늘 힘들어서 더 화가 난 것 같아. 미안해" 하고 인정하는 순간, 아이도 부모 마음을 이해하게 됩니다. 이처럼 측은지심의 시선으로 아이를 바라보면, 아이를 아직 발달 중인 미성숙한 인간으로 인정하면서, 동시에 성장하도록 도울 수 있습니다.

품격 한 스푼

'얼마나 힘들었으면 그랬을까?' 한 번만 더 생각해보세요. 화부터 내기 전에 아이의 마음을 살피면, 그다음의 훈육이 훨씬 순조로워집니다.

惻隱之心 仁之端也
측은지심 인지단야

"어린아이가 우물에 빠지는 걸 보면 누구나 구하려 든다. 이 마음이 어짊(仁)의 시작이다"
아이의 미숙함을 이해하면 인격적 훈육이 가능해집니다.

필사노트

내 육아 상황에 적용해보기

11장

함부로 대하지 않기

후생가외(後生可畏)
"나보다 뒤에 태어난 이들이 두렵다.
언젠가 그들이 나보다 훨씬 뛰어날 수 있다"

공자의 이 말은

아직 어린아이라도 결코 함부로 대하지 말라는 경구입니다.

아이를 어리다고 막 대하거나 소리 지르는 모습을 되돌아보면, 훗날 그 아이가 성장해 "아빠, 왜 그때 그렇게 화만 냈어?"라고 물을 때 뭐라 대답할지 난감해질 수 있습니다. 공자의 후생가외(後生可畏)란 바로 이 점을 짚어줍니다. "지금은 어려도, 나중엔 나보다 더 뛰어날 수 있는 존재"라는 걸 기억하라는 것이죠.

부모라 해도 감정이 폭발할 때는 아이들 함부로 대하기 쉽습니다. 순간적으로 "내가 너 때문에 못 살겠다!" "너 때문에 미치겠다!" 같은 과격한 말을 뱉게 되죠. 그런데 이런 말들은 아이 기억에 오래 남아서, 어른이 되어서까지도 상처가 되곤 합니다. 반면 아이의 마음을 존중하고 침착하게 이유를 설명해주거나 교육적 화를 내는 방식으로 접근하면, 나중에 아이가 "아빠는 그땐 나에게 단호했지만, 함부로 하진 않았지"라고 떠올리게 됩니다.

　결국 후생가외(後生可畏)는 '아이도 언젠가 나처럼 어른이 되고, 그 시절 부모의 태도를 돌이켜볼 것'임을 항상 염두에 두라는 가르침입니다. 세월이 지나 스무 살, 서른 살이 된 자녀가 "왜 그땐 날 그렇게 몰아붙였어?"라고 물으면, "너 때문에 화가 나서 그랬지!"라고 변명할 순 없겠지요. "그땐 내가 미숙해서 그랬구나. 미안하다"라고 말해야 할 텐데, 그게 얼마나 부끄럽고 안타까운 일인가요.

　다행스럽게도, 지금부터라도 후생가외(後生可畏)를 떠올리며 말과 행동을 조절할 수 있습니다. 화가 치밀 때 "이 아이가 나중에 이것을 어떻게 기억할까?"를 생각하는 습관을 들이면, 막말이나 폭언을 줄이고 좀 더 '교육적인

화'로 전환할 수 있지요. "네 행동을 보니 엄마가 속상해. 이건 정말 잘못된 거야" 정도로 짧게 끊고, 너무 감정적으로 몰아붙이지 않는 게 핵심입니다. 그러면 아이도 왜 안 되는지를 깨닫고 수정할 여지를 가집니다.

품격 한 스푼

화가 날 때 '이 아이가 어른이 되어, 오늘을 어떻게 기억할까?'를 떠올려보세요. 내 행동을 돌아보게 하는 그 생각이 말과 행동을 함부로 하지 않도록 막아줍니다.

後生可畏
후생가외

"나보다 뒤에 태어난 이들이 두렵다.
언젠가 그들이 나보다 훨씬 뛰어날 수 있다"

필사노트

내 육아 상황에 적용해보기

12장

화와 말은 신중하게

분사난(忿思難)
"화가 날 때는 그 뒤에 생길 어려움을 생각하라"
과언무환(寡言無患)
"말이 적으면 실수도 적어진다"

공자는 '화'와 '말'이 인간관계에서 얼마나 중요한지 다시금 상기시켜 줍니다.

화가 날 때는 상대를 압도하기 위해 말의 양도 많아집니다. 고함치거나 잔소리를 쏟아내면, 그 순간엔 일종의 해방감이 들 수도 있죠. 하지만 공자는 분사난(忿思難, 화가 날 때 그 뒤에 생길 곤란함을 생각하고)과 과언무환(寡言無患, 말을 적게 하면 실수도 적다)을 당부했습니다. 결국 즉흥적으로 감정을 쏟아내지 말고, 나중에 생길 후회까지 미리 떠올리라는 뜻입니다.

부모 입장에서 "너는 왜 항상 그러니!", "네가 다 망쳤어!" 같은 말을 한 번 내뱉으면, 아이 가슴에 깊은 상처로 남을 수 있습니다. 그리고 부모도 시간이 흐르면 "내가 왜 그렇게 말했을까"라며 자책하게 되죠. 분사난(忿思難)이란 바로 이런 후회와 돌이킴을 막기 위해, "욱하기 전에 한 번만 더 생각해보자"는 장치입니다. 화가 날 때

3초만 멈추고 '이 말, 아이한테 엄청 상처가 될 텐데…'라고 떠올리면 험한 말을 줄일 수 있어요.

과언무환(寡言無患) 역시 같은 맥락에서 이해할 수 있습니다. 화가 나면 말이 많아지고, 기세등등하게 잔소리 폭탄을 날리게 되지요. 그런데 이런 말들은 오히려 설득력을 떨어뜨립니다. 특히 감정적으로 뒤섞인 상태에서 주절주절 말이 길어지면, 아이는 무슨 얘긴지 헤아릴 틈도 없이 '결국 또 엄마는 화풀이하는구나'라고만 느낄 가능성이 큽니다. "지금 네 행동이 잘못됐고, 엄마는 이 점에서 화가 났어. 이유는 ○○야" 정도로 핵심만 짧게 말하는 편이 훨씬 효과적이지요.

말이 적으면서 명료하면, 아이도 받아들일 여유가 생

깁니다. "이건 안 된다"고 말하고 왜 안되는지 간단히 설명해주면, 잔소리 열 마디보다 훨씬 강력하게 다가가죠. 무엇보다도, 부모가 화가 날 때도 '어떻게 화를 내는 게 옳은가'를 고민하는 태도 자체가 진정한 품격일 겁니다. 화를 내지 말라는 게 아니라, '감정 폭발 대신 교육적인 화를 선택하라'는 것이지요.

품격 한 스푼

욱하는 순간에 길게 말하면 실수만 늘어납니다. **"이건 안 돼, 이유는 이거야. 그리고 이렇게 하자"** 정도로 짧게 말하세요.

忿思難

분사난

"화가 날 때는 그 뒤에 생길 어려움을 생각하라"

寡言無患

과언무환

"말이 적으면 실수도 적어진다"

필사노트

_____

_____

_____

_____

_____

_____

_____

내 육아 상황에 적용해보기

13장

이성을 잃으면 다 잃는다

이발난제 막분치약(易發難制 莫忿懥若)
"일어나기는 쉽지만 제어하기 어렵기로 분노만 한 게 없다"

고전과 심리학 모두
리더가 감정을 관리하는 능력을 가장 중요한 자질로 꼽습니다.
부모 또한 가정의 리더라 할 수 있지요.
부모가 감정에 휘둘리는 순간, 교육적 효과는 물론 관계도 깨집니다.

부모도 사람인지라, 아이가 버릇없이 굴거나 울고불고 떼쓰면 화가 올라옵니다. 문제는 '그 화를 어떤 방식으로 내느냐'죠. 고전에서도 "이성을 잃는 순간 관계도 무너진다"고 경고했듯, 욱해서 막말을 하면 아이는 겁먹거나 상처받고, 정작 문제는 해결되지 않습니다. 아이가 마트 바닥에 드러누워 울고불고해도, "안 돼. 오늘은 이걸 살 수 없어"라고 낮은 톤으로 단호히 전하는 쪽이 훨씬 효과적이라는 뜻이지요.

화가 치밀면 부모는 '지금 감정에 휘둘리고 있구나'를 자각해야 합니다. "너 때문에 진짜 내가 못살아!"라는 말 대신 숨을 길게 들이쉬고, "엄마가 지금 정말 힘들어, 화가 나려고 해"라는 문장으로 바꾸는 게 핵심입니다. 조금만 표현을 달리해도, 아이는 '아, 내가 일방적으로 혼나는 게 아니라, 지금 부모님도 힘든 상태구나'라고 이해할 수 있게 됩니다.

또한 이미 소리를 질렀다면 늦었다고 생각하지 말고 솔직히 사과하세요. "엄마가 소리를 질러서 미안해"라고 인정하면, 아이는 '부모도 실수할 수 있지만, 그걸 고치려 노력하는구나'라고 배웁니다. 부모라고 완벽하진 않으니까요. 다만 사과 후에는 같은 상황이 반복되지 않도록 '휴식 시간 갖기'나 그 장소에서 벗어나는 인지행동치료 기법을 적용해야겠지요. 아이가 무슨 말을 하든 '화부터 내지 않도록' 스스로를 조절하려 애쓰는 태도 자체가, 부모가 가진 품격과 권위를 지키는 길이기도 합니다.

결국 '감정조절'은 '부모가 이끌어가는 가정의 분위기'

를 좌우하는 핵심입니다. 목소리를 낮추고, 어휘를 골라 사용하며, 아이를 존중하는 모습을 보일 때, 아이는 '엄마·아빠가 나를 소중히 여기고 있구나'라고 느낍니다. 그 믿음이 쌓일수록 아이도 부모 말을 수용하려 애쓰게 되고, 갈등이 생겨도 서로를 이해하는 단계로 나아갈 수 있습니다.

품격 한 스푼

화가 치밀 때 **"내가 이 말을 하면 아이와의 관계가 어떻게 될까?"** 를 먼저 떠올려보세요. 이미 욱했다면, 늦기 전에 진심으로 사과하는 담대함이 '감정을 다스릴 줄 아는 부모의 품격'을 보여줍니다.

易發難制 莫忿懥若
이발난제 막분치약

"일어나기는 쉽지만
제어하기 어렵기로 분노만 한 게 없다"

필사노트

_____
_____
_____
_____
_____
_____
_____
_____

내 육아 상황에 적용해보기

14장

쉽게 하는 훈육일수록
아이 마음을 잃기 쉽다

이득이실(易得易失)
"얻기 쉬우면, 잃기도 쉽다"

아무리 쉽고 빠르게 효과를 보는 방법이라도
그 안에 진정한 노력과 배려가 깃들지 않으면
금방 허물어지고 말아요.
육아에서도 마찬가지입니다.

아이에게 필요한 걸 손쉽게 제공하거나, 문제 상황에서 부모가 먼저 나서서 무마해주는 식의 육아는 단기적으론 편해 보입니다. 그러나 "쉽게 얻은 것은 쉽게 잃는다"는 말처럼, 노력과 과정을 겪지 않고 얻은 결과는 아이에게 오히려 무의미할 수 있지요. 부모가 숙제를 대신해주거나 용돈을 늘려주는 식으로 '어려움'을 건너뛰면, 아이는 힘들여 무엇인가를 해냈다는 만족감 없이 그저 받아들일 뿐이니까요.

문제는 훈육에서도 동일합니다. 소리를 지르거나 화를 내면 아이가 즉시 움츠러들고 겉으론 "알았어요"라고 할지 몰라도, 그건 '쉽게 얻은 복종'에 가깝습니다. 아이 마음에는 서운함과 반발심이 쌓여 결국 부모에 대한 신뢰를 잃게 되죠. 거친 말도 마찬가지입니다. 그 순간엔 아이가 겁에 질려 즉각 말을 듣는 것처럼 보여도, 마음 깊은 곳에 '억압당했다'는 기억만 남습니다. 쉽게 얻은 '겉보기 순종'을 계속 유지하기 어렵고, 언젠가 아이의 거센 반발이나 감정 폭발로 되돌아올 수 있지요.

반면 '따단(따뜻+단호)' 육아는 다릅니다. 부모가 따뜻한 말과 진심을 깔아두되, "이건 안 된다"라는 규칙만큼은 분명히 지키는 단호함을 지켜야 합니다. 처음에는 시간이 걸릴 수 있습니다. 아이가 당장 부모 의도대로 움직이지 않을 수도 있고, 여러 번 설명하고 대화해야 할지도 모릅니다. 하지만 그 과정을 통해 아이는 '부모가 나를 존중하면서도 분명한 기준을 가지고 있구나'라고 느끼고 자발적으로 부모의 말에 귀 기울이게 됩니다. 어렵게 얻은 깨달음은 쉽게 사라지지 않는 법이니까요.

'쉽게 얻은' 효과에 매달리기보다, 아이와 함께 시행착오를 거쳐내며 '단단한 성장'을 도모하는 편이 결국 더 이득입니다. 용돈을 더 받고 싶다면 그만큼 집안일을 스스로 해본다거나, 공부에 흥미 없다는 아이를 소리치며 몰아붙이기보다 어떤 학습 환경이 맞는지 함께 고민해본다거나, 문제가 생길 때 대화로 풀어보려 애쓰는 식입니다. 그 시간은 겉으론 번거롭고 긴 것 같아도, 아이에게 '내가 직접 해보고 배웠다'는 확신을 심어줍니다. 그리고 따뜻한 말과 공감 속에서 단호함으로 배운 훈육은 반발심보다는 이해와 수용을 남기게 되죠.

이득이실(易得易失)이 주는 교훈은, 아이와의 관계에서도 '너무 쉽게 얻으려 하지 말라'는 것입니다. 큰소리로 윽박지르며 단숨에 행동을 바꾸는 대신, 아이 스스로 깨닫고 움직일 시간을 허락하면, 부모도 아이도 서로 깊은 신뢰를 쌓게 됩니다. 힘들게 얻은 교훈일수록 오래가고 서로 존중하며 만든 약속은 더 잘 지켜지는 법이니까요.

품격 한 스푼

소리치고 겁주는 훈육이 단기 효과는 있어 보여도, 결국 아이 마음을 잃기 쉽습니다. 따뜻한 말과 분명한 기준을 함께 지켜주는 **'따단 육아'**가 오래가고 좋은 결과를 남깁니다. 어렵게 얻은 깨달음일수록 쉽게 무너지지 않으니까요.

易得易失

이득이실

"얻기 쉬우면, 잃기도 쉽다"

필사노트

내 육아 상황에 적용해보기

15장

기(氣) 살리는 육아
vs
기(氣) 죽이는 육아

기(氣)

"얼굴색을 밝히고 의욕을 불어넣어 주는 힘"

아이 얼굴을 밝히고 의욕을 북돋는 힘,

부모가 북돋아 줄 기(氣)입니다.

품격 있는 격려 한마디가 시작이지요.

아이의 '기(氣)'를 살려주고 싶어 하는 건 모든 부모의 바람입니다. 칭찬과 격려로 아이를 북돋우면, 아이 얼굴에도 밝은 빛이 감돌고, 무언가 하고자 하는 동력도 샘솟지요. 반면 부모가 사소한 잘못까지 일일이 지적하거나 화를 내면, 아이는 쉽게 위축되고 '나는 안 되는 아이인가 봐'라는 부정적 기운에 사로잡히기 쉽습니다.

그렇다고 해서 아이가 원하는 대로 전부 들어주면 '기(氣)'를 살려주는 걸까요? 사실 그건 또 다른 의미의 '나쁜 기(氣)'가 되살아날 여지를 남깁니다. 아이가 '제멋대로 하고 싶은 욕구'를 통제하지 못하게 되면, 주변과의 충돌이 잦아지면서 아이 자신도 힘들어질 수 있습니다. 예를 들어 친구 장난감을 무턱대고 뺏으려 하고, 규칙도 안 지키려 드는 아이를 '기 죽을까 봐' 그대로 둔다면 '기 살리는 육아'가 아니라 '무책임한 방임'에 가깝지요.

칭찬과 격려로 좋은 기(氣)를 살리되, 아이가 해서는 안 되는 영역은 단호하게 제재해야 합니다. 그래야 사회적 규칙 안에서 자신의 기운을 제대로 펼칠 수 있게 됩니다. 이를테면 "우와, 혼자서도 준비를 잘하는구나"라며 칭찬하되, 동시에 "약속 시간을 어기면 안 되니 다음엔 조금 일찍 준비해 보자"라는 식으로 알려주는 것이죠.

이렇게 긍정의 메시지와 분명한 기준을 적절히 섞어주는 게 '기 살리는 육아'의 핵심입니다. 아이는 자신이 '할 수 있는 사람'이라는 자존감도 높이고, '욕구를 조절하는 법'도 배웁니다. 어느 한쪽만 강조하면 불균형이 생깁니다. 무조건 칭찬만 하면 아이가 자칫 제멋대로 굴 수 있고 반대로 규칙만 강요하면 기가 죽어버리지요. 두 가지를 균형 있게 담아내는 육아의 지혜가 필요합니다.

"너는 무엇이든 할 수 있어!"라는 응원과 "이건 해도 되고, 이건 안 된다"라는 기준. 이 두 축을 탄탄히 잡아주면, 아이는 사회적 관계에서도 건강한 리더십을 발휘하게 됩니다. 의욕이 생기니까 도전을 즐기고, 동시에 타인을 존중하니 협력도 잘하지요. 기 죽이는 육아가 아닌, 기 살리는 육아를 하려면 부모의 말 한마디, 태도 하나에도 '지금 이 말이 아이에게 용기를 주고 있나', '욕구를 조절하도록 돕고 있나?'를 돌아봐야 합니다. 그 점검이 습관이 되면, 아이의 얼굴에서 활력과 자신감, 조절감을 더 자주 발견하게 될 것입니다.

품격 한 스푼

아이를 '마음껏 칭찬'하되, '조절해야 할 부분'을 분명히 알려 주세요. 기(氣)를 살리는 말은 "정말 열심히 하는구나!"라는 칭찬과 '이렇게 해야 한다'는 약속과 규칙을 안내해 주는 균형에서 나옵니다.

氣
기 살리는 육아

"칭찬과 격려로 얼굴빛을 밝혀주되
무질서는 허용하지 않는다"

필사노트

내 육아 상황에 적용해보기

16장

부모 감정이 개입되면 위험하다

'한 끗' 차이

"아주 작은 차이가 엄청난 결과의 차이를 만든다"

부모의 감정 폭발이 훈육을 학대로 바꿉니다.

그 '한 끗' 차이는 바로 감정 조절이 결정합니다.

부모라면 아이를 '훈육'해야 합니다. 문제는 그 훈육이 한순간 '학대'로 넘어가 버리는 지점이 생각보다 가깝다는 사실입니다. 화난 감정이 실리면, 어느새 폭언·폭력이 뒤섞여 아이에게 씻기 힘든 상처를 남기게 되지요. 이 경계가 불분명하다 보니, 예전엔 많은 부모가 "내가 때린 건 교육 목적이었어", "사랑의 매였어"라고 스스로 합리화하기도 했습니다. 그러나 아이 입장에선 그건 학대였지 결코 훈육이 아니었습니다.

아동학대 사건들을 살펴보면, 처음엔 '올바른 습관을 가르치려' 체벌하다가, 부모의 분노가 임계점을 넘어서면서 결국 폭력이나 심각한 정서적 학대로 번지는 경우가 대부분입니다. 부모로서 '이 정도는 괜찮을 거야'라고 생각했지만, 이미 아이는 심한 위축과 공포를 느끼는 것이 문제지요. 만약 무심코라도 "왜 항상 그렇게 못하냐!"고 소리치거나, "너 때문에 미치겠다" 같은 말을 반복해서 내뱉는 것도 정서적 폭력입니다.

훈육은 아이를 '가르쳐 키우는(訓育)' 것이지, 부모의 감정을 푸는 수단이 아닙니다. 이 차이를 분명히 인식해야 합니다. 만약 감정이 폭발할 것 같으면, 우선 그 상황에서 벗어나 호흡을 가다듬고, '왜 내가 이렇게 화가 났지?'를 돌아보는 과정을 거치는 게 안전합니다. 조금 차분해지면 "이번에 네가 ○○ 규칙을 어겼어. 이제 어떻게 바로잡아야 할지 이야기해 보자"라고 말해보세요.

만약 이미 언성을 높여 아이에게 상처를 줬다면, 솔직하게 사과하는 것도 필요합니다. "엄마가 너를 가르치려

다가 감정이 과해졌어, 미안해"라고 인정하면, 아이는 '그래도 내 마음을 이해하려 하는구나'라고 생각해 부모를 다시 신뢰할 수 있습니다. 그리고 부모 스스로 다시는 그런 상황으로 가지 않도록 마음속 경계선을 설정해 두어야 합니다.

훈육과 학대가 '한 끗' 차이라는 것, 잊지 마세요. 그 한 끗은 바로 '부모 감정 조절'에서 결정됩니다 화를 식힌 뒤 짧고 단호하게 "왜 이걸 지켜야 하는지"를 설명해 주면, 아이는 규칙을 배우게 됩니다. 하지만 화에 휩싸여 막말이나 체벌을 가하면, 아이는 두려움을 느끼고 움츠러들며 반발심만 키우죠. 진정한 훈육은 아이의 성장과 마음을 함께 보살피는 과정입니다. 그 과정에 폭력은 결코 끼어들 자리가 없습니다.

품격 한 스푼

'내가 지금 화난 이유가 무엇인지'를 먼저 점검하고, 감정을 조절한 뒤에야 제대로 된 훈육이 가능합니다. 훈육은 부모의 신성한 역할이지만 감정이 앞선 순간, 한 끗 차이로 학대가 될 수 있습니다.

훈육과 학대의 한 끗 차이

"부모 감정이 폭발하면
교육은 사라지고 폭력만 남는다"

필사노트

내 육아 상황에 적용해보기

實踐 실천
알고 생각한 바로 실제로 행함

Part 3

부모의 자각과 실천
: 내가 먼저 바뀌기

17장

교육의 끈을 놓지 않는다

맹모삼천(孟母三遷), 단기지교(斷機之敎)
"맹자의 어머니가 세 번 이사해 환경을 바꾸고
맹자가 공부를 중단하려 하자
베를 끊어 그 심각성을 일깨웠다"

이 이야기는 육아와 학습에 있어 올바른 환경과 포기하지 않는 꾸준함이 얼마나 중요한지 강조합니다.

아이들은 크면서 수많은 시도를 하다가, 예상외로 힘들거나 재미가 없으면 언제든 "안 할래!"라고 포기해버릴 때가 많습니다. 그런데 부모가 그때마다 "알았어, 네 마음대로 해!"라고 손을 떼면 아이는 '조금만 어려우면 관두면 되지'라는 습관을 익히게 되지요. 맹자 어머니가 맹자가 공부를 중단하려 했을 때 자신이 짜던 베를 끊어 보여준 '단기지교(斷機之敎)' 이야기처럼, 중단의 무서움을 체감하도록 도와주는 게 부모의 역할이기도 합니다.

물론 "포기하면 안 돼!"라며 강압적으로 끌고 가는 건 역효과를 낳습니다. 중요한 건 아이가 '왜 시작했고, 지금 뭐가 힘들며, 앞으로 어떻게 보완하면 좋을까?'를 스스로 돌아보게 하는 과정입니다. 이를테면 "그래, 힘들지? 혹시 뭐가 가장 힘들어? 그럼 잠시 쉬면서 다른 방법을 찾을까?" 처럼, 일방적 강요가 아니라 동반자로서 대화를 끌어나가는 거죠. 이때 부모가 "엄마도 뭘 꾸준히 한다는 건 쉬운 일이 아니지만, 해냈을 때 보람이 큰 걸 느껴"라고 솔직히 얘기해주면, 아이도 '아, 힘든 건 자연스러운 거구나, 다시 한 번 해볼까?' 하고 마음먹을 수 있습니다.

과도하게 목표를 높게 잡아 아이를 지치게 하는 것도 금물입니다. 오히려 "그럼 우리 이번 달까지만 해볼까?" 정도의 단계적 접근이 필요할 수 있어요. 그리고 한 달 후에 성취가 조금이라도 있으면 "와, 시작했을 땐 몰랐는데 여기까지 왔네! 계속해볼래?" 하고 격려해 주면 됩니다. 아이가 중간에 다시 흐지부지하더라도, 부모가 "이번엔 이런 방법은 어떨까?" 하는 식으로 지속적으로 관심을 보이면서 '포기를 포기'하도록 유도하는 겁니다.

중요한 건, 부모가 먼저 '내가 무언가를 꾸준히 해내는' 본보기를 보여주는 거예요. 단 한 가지라도 습관이나 취미를 부모가 매일 해나가는 모습을 아이가 본다면, '힘들어도 포기하지 않고 지속적으로 해야 하는구나'를 느낄 수 있지요. 맹자도 어머니의 결단력을 본받아 다시 공부에 매진했다고 전해지는 것처럼, 부모의 끈기는 아이에게 커다란 동기 부여가 됩니다.

품격 한 스푼

아이 스스로 '이건 왜 그만두고 싶지?'를 점검하도록 대화하세요. 그런 후에 부모가 "조금만 더 노력해 보자"는 가이드와 본보기를 보여주면, 아이는 쉽게 포기하기보다 해결책을 찾고 다시 시도하려 애쓰게 됩니다.

孟母三遷, 斷機之敎
맹모삼천, 단기지교

"맹자의 어머니가 세 번 이사해 환경을 바꾸고
맹자가 공부를 중단하려 하자
베를 끊어 그 심각성을 일깨웠다"

필사노트

내 육아 상황에 적용해보기

18장

부모가 다 해주면
아이가 자랄 공간이 없다

인장지덕목장지패(人長之德木長之敗)

"큰 사람 덕은 봐도, 큰 나무 아래 큰 나무 못 자란다"

부모가 모든 것을 해결해 주면

아이는 자기 뿌리를 내릴 틈이 없습니다.

과잉 개입은 아이를 무력하게 만들지요.

부모가 너무 완벽하거나, 아이의 모든 문제를 일일이 대신 해결해 주면, 정작 아이가 자랄 공간이 없습니다. 아이가 숙제를 안 하거나 친구와 다툰 문제마저 부모가 미리 나서서 정리해버리면, 아이는 스스로 부딪치고 해결하는 경험을 놓치게 되죠. 그러다 보면 중학생, 고등학생이 되어도 사소한 갈등조차 "엄마, 나 어떡해?" 하고 의존할 수 있습니다.

우리는 흔히 "부모는 아이를 든든히 지원해줘야 한다"고 말하지만, 그것이 '모든 걸 대신 해주는' 상태가 되면 아이는 본인 삶을 스스로 설계하거나 책임지는 법을 배우지 못합니다. 마치 나무가 햇빛을 받아 뿌리를 내리고 스스로 성장해야 하는데, 큰 나무 그늘 밑에서 빛을 못 받아 시들어버리는 꼴이 되어버리는 것이지요.

한 예로, 아이가 학교 과제를 놓쳤을 때 "왜 안 했어!" 혼내고 나서 "기다려 봐. 엄마가 전화해서 해결해 줄게!"라고 부모가 대신 해결하는 게 아니라, "네가 선생님께 말씀드려 볼래? 뭐라고 할지 같이 생각해 볼까?"라고 제안해 보는 겁니다. 부모는 옆에서 모니터링 하되, 직접 개입하는 대신 아이가 스스로 답을 찾도록 돕는 역할을 하면 됩니다. 이런 과정에서 아이는 문제를 만들고 나서 해결하기보다, 문제가 생기지 않도록 미리 자신이 할 일을 찾아서 해내는 책임감도 배우게 됩니다.

물론 아이가 너무 큰 문제로 불안해하거나, 위험에 처한 상황이라면 부모가 적극 개입해야 하지요. 다만 생활 속 간단한 의사 결정 등의 문제까지 전부 부모가 '대신 처리'하면, 아이는 수동적인 사람이 되기 쉽습니다. 스스로 시행착오를 겪는 기회를 박탈당한 아이는 커서도 자립심이 약하고, 사회에 나가서도 늘 누군가가 대신 해결해 주길 기대하게 되지요. '우리 아이가 크게 자랄 기회를 스스로 차단하고 있는 건 아닐까?' 한 번 생각해 봐야 합니다. 부모는 아이에게 그늘을 만드는 '큰 나무'가 아니라 아이가 부모를 보고 배울 수 있는 '큰 사람'이 되어야 합니다.

품격 한 스푼

조금 서툴러도 아이에게 직접 부딪치고 해결해 보게 하세요. 부모가 모든 걸 대신하면, 아이는 스스로 뿌리내릴 기회를 놓쳐버립니다.

人長之德木長之敗

인장지덕목장지패

"큰 사람 덕은 봐도,
큰 나무 아래 큰 나무 못 자란다"

필사노트

내 육아 상황에 적용해보기

19장

역경과 결핍이 경쟁력이 된다

고신얼자(孤臣孼子)

"외로운 신하와 서자로 태어난 사람의
결핍과 절심함이 위대함의 원천이 된다"

정약용, 김정희, 사마천 등도
역경을 딛고 위대한 업적을 남겼습니다.

어떤 부모는 "우리 집은 경제력이 부족해서, 아이에게 좋은 학원을 못 보내고, 여러 기회를 주지 못해 미안하다"고 한탄합니다. 그러나 역사 속 인물들을 돌아보면, 유배지에서 학문을 꽃피운 정약용이나 사마천 등 역경과 결핍이 오히려 그들의 강력한 무기가 된 사례가 무수히 많습니다. 고신얼자(孤臣孼子)란 이렇게 외롭고 힘든 처지였던 이들이 오히려 더 대단한 업적을 남길 수 있다는 뜻이지요.

현대 사회에서도 '흙수저'로 시작해 자기 힘으로 회사를 창업하거나, 공부해서 원하는 목표를 이룬 사람들 이야기를 어렵지 않게 듣게 됩니다. 물론 '부모가 잘 살아야 아이가 편하다'는 말도 틀린 건 아닙니다. 하지만 어느 정도의 부족함이 아이에게 "그럼 나는 뭘 할 수 있을까?"를 고민케 하고, 의지와 창의성을 자극하기도 합니다. 부모가 미리 다 깔아준 레일 위를 걷는 아이는 어려움이 적어 보이지만, 그만큼 자신이 직접 문제를 해결해 본 경험도 적을 수밖에 없습니다. 경험치가 절대 부족한 만큼 아이는 경쟁력도 낮습니다.

중요한 건, 부모가 "우리 집은 형편이 안 돼서 어쩔 수 없어" 하고 포기하지 않는 태도입니다. "부족하지만, 이 안에서 새로운 길을 찾아보자"라며 끊임없이 아이와 대화를 나누는 거죠. 사교육 시킬 형편이 안 된다면 도서관이나 인터넷 강의, 스터디 모임 등 대안을 모색할 수 있습니다. 이런 과정을 거치면서 아이는 부족한 환경에서 할 수 있는 것을 찾아내고 스스로 방법을 찾게 되지요.

부모가 먼저 결핍을 긍정적으로 받아들이면, 아이도 자기 결핍을 부정이나 열등감으로만 여기지 않습니다. '그래, 좀 힘들 수 있지만, 그럼에도 내 힘으로 뭔가 해보자'라는 마음을 키울 수 있지요. 결핍 없는 환경이 나쁠 건 없지만, 현실이 그렇지 않다면 그 안에서 기회를 찾도록 돕는 게 부모가 할 일입니다. 역경은 때때로 엄청난 성장의 발판이 되니까요.

품격 한 스푼

결핍과 부족함을 탓하기보다, 새로운 가능성을 찾는 출발점으로 삼는 부모, **"그럼에도 불구하고 할 수 있는 건 뭘까?"**를 함께 모색하는 부모가 아이에게 진짜 힘이 됩니다.

孤臣孼子

고신얼자

"외로운 신하와 서자로 태어난 사람의
결핍과 절심함이 위대함의 원천이 된다"

필사노트

내 육아 상황에 적용해보기

20장

'나부터 돌아보기'의 힘

예인부답반기경(禮人不答反其敬)
**"남에게 예를 다했는데 답이 없으면
내 공경이 부족하진 않았는지 돌아본다"**

아이에게 사랑을 줬는데도 통하지 않는다면
'내 사랑법이 제대로였는지' 점검하는 게 먼저입니다.

아이를 사랑한다고 말하지만, 정작 아이가 '날 사랑하는지 모르겠다'고 느낀다면 어떻게 해야 할까요? 맹자는 "남을 예우했는데 답이 없으면, 내 공경이 부족하진 않았는지 돌아보라"고 합니다. 아이가 사랑받고 있다고 못 느낀다면, 부모인 내가 '진짜로 사랑이 전해지도록 했나?'를 점검해야 합니다.

마찬가지로 부모는 아이를 위해 한 말인데 아이가 '부모님이 나를 미워한다'고 느끼면 '내 마음이 제대로 전해지도록 말했나?'를 생각해 봐야 합니다. 우리는 "네가 잘못했으니까 화내는 거야!"라고 말하기 쉽습니다. 그런데 돌아보면 부모가 지친 상태에서, 아이 말 한두 마디에 쉽게 욱하거나 과잉 반응하는 경우가 많아요. '내 감정 조절 실패'를 아이 탓으로 돌리는 셈이죠. 이렇게 "너 때문에 화났다"라고 하면 아이는 억울할 수밖에 없습니다. 결국 모든 책임이 아이 자신에게 있다고 몰리는 느낌이니까요.

특히 사춘기나 청소년기 아이가 "아빠, 솔직히 말씀드리면 아빠가 화낼까 봐 내 얘기를 안 하고 싶어"라고 한다면, 이미 부모 태도에 문제가 있다는 신호일 수 있습니다. 이때 단순히 "뭘 잘못했는데?"라며 아이를 추궁하기보다 "아빠가 그동안 너무 화를 많이 냈나 보구나. 어떤 부분이 제일 힘들었는지 말해줄래?"라고 접근해야 합니다. 부모가 먼저 자신을 돌아보는 자세가 없으면, 아이는 마음을 열지 않을 겁니다.

'나부터 돌아보기'는 결코 쉽지 않습니다. 아이와 갈등이 생길 때 "혹시 아빠 말투가 거칠었었니?"라고 묻는 자체가 자존심이 상할 수도 있어요. 하지만 부모가 어른이기 때문에 먼저 움직여야, 아이도 "그러면 나도 노력해 볼게요"라는 반응을 보일 가능성이 높아집니다. 그리고 아이가 "부모님이 내 감정을 이렇게 고려해 주는구나!"라고 느끼면, 이해 폭이 넓어지는 장점이 있습니다. 아이 탓만 하기보다 '내 태도를 돌아보자'는 맹자의 가르침을 적용한다면 부모와 아이 모두 성장하는 육아가 될 수 있습니다.

품격 한 스푼

아이에게서 "왜 맨날 잔소리만 해?"라는 말이 나온다면,
'내가 정말 사랑을 제대로 표현하고 있는가?'를 돌아보세요.
부모가 먼저 변하면, 아이도 마음을 열게 됩니다.

禮人不答反其敬

예인부답반기경

"남에게 예를 다했는데 답이 없으면
내 공경이 부족하진 않았는지 돌아본다"

필사노트

내 육아 상황에 적용해보기

21장

아이를 볼 때 '편견'이 아닌 '사실'을 보라

시사명(視思明)

"대상을 볼 때는 밝음으로 분명히 보라"

아이의 말과 행동, 표정을 대할 때

사실 그대로, 편견 없이 대해야 한다는 깨달음을 줍니다.

부모는 아이를 매일 보고 지내지만, 정작 '객관적으로' 보지 못할 때가 많습니다. 예를 들어 아이가 잠시 멍하니 있으면 "또 게으름 피우네!"라고 단정 짓거나, 조금 화난 표정이면 "왜 그렇게 삐딱해!"라고 몰아붙이기도 하지요. 그런데 혹시 그 순간 아이는 "머리가 아프다"거나 방금 무언가 충격적인 말을 들어서 멍해진 상태일 수도 있습니다. 우리가 아는 정보보다 훨씬 다양한 배경이 있을 텐데 부모가 미리 결론부터 내려버리는 셈입니다.

시사명(視思明)은 이런 오해와 추측을 경계하라고 일깨워줍니다. 아이가 하는 행동이나 표정을 볼 때, 내 선입견이 아니라 실제 상황이 어떠한지 먼저 살펴야 한다는 뜻이지요. 예컨대 아이가 늦게 일어났을 때 '또 귀찮아서 뒹구는구나!'라고 짐작하기보다, "어젯밤 늦게 잤나? 몸이 피곤했나?"라고 헤아려 보는 겁니다. 그렇게 파악하면 무작정 게으름이라는 꼬리표를 붙이지 않고, 아이 상태에 맞춰 "오늘 좀 더 일찍 자자"나 "아침에 충분히 준비할 시간을 갖자"는 식으로 합리적 제안을 할 수 있지요.

사소한 갈등도, 시사명(視思明)을 적용하면 훨씬 부드럽게 풀립니다. 아이가 장난스레 형제·자매 물건을 만지다가 깨뜨렸다고 해봅시다. 부모가 "넌 왜 맨날 사고만 치니!"라고 화를 내기 전, 잠깐 멈춰서 사실관계를 확인해 보세요. 정말 일부러 그랬는지, 혹은 호기심이 앞서서 실수했는지, 아니면 형제나 자매가 갑자기 밀쳐서 그런 건지 말입니다. 만약 아이도 예상치 못한 사고였다면, 혼내기보다는 "조심하자"라는 원칙을 안내하는 편이 낫습니다.

시사명을 실천하려면, 눈앞의 아이 모습에 '왜 이런 행동을 했을까?'라는 질문을 붙여보는 습관이 필요합니다. 화가 난 얼굴조차도 '피곤하거나 속상한 일 있나?'라고 들여다보는 거죠. 부모가 한 번만 더 아이의 표정이나 행동을 면밀히 살펴 "아, 지금 기분이 좀 가라앉아 있구나"라고 판단하면, 말투를 누그러뜨리거나 안부를 물어 줄 수 있습니다. 그 작은 차이가 아이 마음 문을 여는 계기가 되기도 합니다.

단, 시사명을 적용한다고 해서 무조건 아이 편만 들라는 의미는 아닙니다. 잘못된 행동을 봤다면 객관적 사실 그대로 말하고, 규칙에 따라 제재도 해야 합니다. 다만 그 과정에서 부모 감정이나 추측이 과하게 들어가 아이를 '문제아'로 쉽게 규정짓지 말자는 것입니다. 아이 입장에선 "엄마는 내 상황은 알지도 못하면서 혼부터 내" 하면 마음을 닫아버리기 쉽습니다.

결국 시사명은 '아이를 볼 때 선입견을 걷어내고, 있는 그대로 관찰하라'는 원리입니다. 아이가 주는 신호를 제대로 포착할 때 갈등이 크게 줄어듭니다. 그리고 아이가 의도한 바를 제대로 파악할 수 있으므로 서로에 대한 불신이 사라지고 이해도가 깊어지지요. '보는 것'에서부터 육아 태도가 달라진다는 점, 이 한 가지 깨달음만으로도 부모와 아이를 웃게 만들 수 있습니다.

품격 한 스푼

평소에 아이를 잘 관찰했다고 해서 항상 정확히 아는 건 아닙니다. 혹시 '내가 미리 단정 짓고 있진 않은가?' 자문해 보세요. 시사명(視思明), 곧 사실을 분명히 보는 태도가 쓸데없는 오해와 갈등을 줄입니다.

視思明

시사명

"대상을 볼 때는
밝음으로 분명히 보라"

필사노트

_____
_____
_____
_____
_____
_____
_____
_____
_____

내 육아 상황에 적용해보기

22장

못 본 척, 안 들은 척, 모르는 척

삼척동자(三尺童子)

"키가 석 자밖에 되지 않는 어린아이"

'부모가 아이를 대할 때
삼척동자(三尺童子)처럼 순수한 아이의 마음으로
모르는 척하는 지혜를 발휘한다'로 재해석하면
근사한 육아의 지혜가 됩니다.

아이를 키우다 보면, 사소한 부분이 눈에 띄어 매번 "그거 당장 치워!", "이제 그만해!", "조심해서 먹으라고!" 하고 간섭하는 일이 생깁니다. 그러면 아이가 스스로 해결하는 습관을 기를 기회가 없어요. 예를 들어 TV 앞에서 과자를 흘리며 먹다가 밟아서 불편해지면, 아이 스스로 "아, 치워야겠다" 하고 움직일 수 있지요. 그 과정을 매번 부모가 대신 지적하면, 아이는 '잔소리가 끊이지 않는 집'이라고 느낄 수 있습니다.

못 본 척, 안 들은 척하는 건 그냥 내버려두는 것과는 다릅니다. 방임은 아이가 문제를 일으켜도 전혀 개입하지 않는 거지만, 여기서 말하는 건 사소하고 위험하지 않은 상황에서만 부모가 "이번엔 나서지 않고 기다려볼까?"라고 선택하는 겁니다. 거기에 '삼척동자 부모'라는 표현을

쓰는 건, '조금 어리숙하게 보이더라도 한 템포 물러서서 아이가 움직이도록 기다려주자'는 의미죠.

한 예로, 아이가 숙제를 안 하고 친구와 놀고 싶다고 한다면, 당장 "너는 왜 그렇게 책임감이 없어!"라며 소리치기보다 "음, 늦게 돌아왔을 때 네가 더 힘들 텐데…. 그래도 스스로 정했으니 한번 해봐"라고 맡겨볼 수 있습니다. 그러다 아이가 난감한 상황이 되면 "어때? 이제 방법을 찾아볼까?"라며 손을 내미는 거죠. 이 과정을 겪어야 아이는 자기 행동에 책임지는 법을 배웁니다.

단, 안전이나 윤리에 해가 되는 폭력, 위험한 행동 등은 즉시 개입해야 합니다. 그 외의 사소한 문제나 습관이라면, 가끔은 '못 본 척'을 시도해 보세요. 아이가 "아빠가 왜 잔소리 안 하지?" 하다가 스스로 불편함을 느껴서 움직일 때, 성장이 일어납니다. '스스로 깨닫게 두는' 교육이란 게 바로 이런 순간에 가능해지는 것이지요.

품격 한 스푼

사소한 문제라면 **'이번엔 내가 참견 안 해볼까?'** 하고 가만히 둬보세요. 아이가 불편을 느끼고 스스로 개선하려 할 때, 진짜 학습이 일어납니다.

三尺童子

삼척동자

"키가 석 자밖에 되지 않는 어린아이"
가끔은 못 본 척, 안 들은 척, 모르는 척하는
지혜로운 부모.

필사노트

내 육아 상황에 적용해보기

23장

내 자식 내 마음대로?

기소불욕 물시어인(己所不欲 勿施於人)
"내가 원하지 않는 일은 남에게도 하지 말라"

내가 싫은 건 아이에게도 하지 않아야 합니다.
부모가 받고 싶은 대접대로 아이를 대해주세요.

부모가 무의식적으로 '내 자식이니 내 마음대로'라고 여길 때가 있습니다. 아이에게 소리 지르거나 위협적 언행을 해놓고, '다 너를 위해서'라고 합리화하기도 하지요. 하지만 아이는 부모의 소유물이 아닙니다. 독립된 인격체이며, 모두에게 존중받아야 할 권리가 있습니다.

공자께서 강조한 '기소불욕 물시어인(己所不欲 勿施於人)'은 부모 자식 관계에도 그대로 적용됩니다. 내가 결코 당하고 싶지 않은 행동(폭언, 강압 등)을 아이에게도 하지 않아야 한다는 뜻이지요. 부모라고 해서 그 예외가 될 수는 없습니다. 우리도 누군가 심한 말을 한다면 기분이 나쁘고, 자존감이 흔들릴 수 있잖아요.

물론 아이에게 규칙을 알려주고, 잘못을 지적하는

건 부모 역할의 일부입니다. 하지만 그 과정에서 "너 때문에 힘들다", "너는 왜 이렇게 못하니!" 같은 말들이 난무한다면, 과연 아이가 그 지적을 '교육적 조언'으로 받아들일 수 있을까요? '나를 인간으로 존중하지 않는다'는 느낌이 드는 순간, 아이는 마음을 닫고 버티거나 반항하게 됩니다.

아이를 독립된 인격체로 대하기 위해서는, 먼저 '부모 스스로가 하고 싶은 말을 어떻게 전달할 것인가'부터 점검해야 합니다. "네가 잘못했어, 이건 안 돼"라고 말하더라도, "이 부분은 고쳐줬으면 해"와 같이 최소한의 배려가 담기면, 아이도 '아, 나를 공격하려는 게 아니라 진심으로 걱정해서 말하는구나'라고 인식하게 됩니다. 우리는 모두 존중받고 싶으니까요.

아이가 부모님 말씀을 따르지 않을 때, 말을 안 듣는다는 생각만 하지 말고, 아이에게 그 이유를 물어보는 것도 존중의 방식입니다. 무조건 "안 돼, 내 말 들어!"라고 강요하기보다, "왜 싫은지 말해 줄래?"처럼 말꼬를 터주면, 아이는 자신이 존중받고 있다고 느끼고 타협안을 찾으려 합니다. 이렇게 작은 태도 변화 하나가, 아이를 내 마음대로 부리는 대상이 아니라, 독립된 사람으로 대하는 출발점이 됩니다.

품격 한 스푼

"내가 싫은 것을 아이에게도 하지 않는다"는 원리는 부모-자녀 관계에도 예외가 없습니다. 아이는 존중받아야 할 주체임을 잊지 말고, 대화와 훈육에서 그 사실을 드러내 주세요.

己所不欲 勿施於人

기소불욕 물시어인

"내가 원하지 않는 일은
남에게도 하지 말라"

필사노트

내 육아 상황에 적용해보기

24장

부모도 실수한다

서기지심(恕己之心)

"자신에게도 관대해지는 마음"

부모도 완벽할 수 없기에, 자신을 용서하는 마음이 필요합니다.
부모 자신을 따뜻하게 대하고 위로해 주세요.

우리는 앞서 "아이의 실수를 너무 몰아붙이지 말라"고 확인했습니다. 그런데 정작 부모 본인에게는 어떨까요? 아이에게 화를 내고 후회하거나, 육아에서 실수했을 때 스스로를 심하게 책망하다가 자괴감에 빠지는 부모가 많습니다. "내가 왜 또 욱했지? 난 안 되는 엄마야…." 이런 식으로 자기 자신을 몰아붙이면, 오히려 육아가 더 힘들어집니다.

맹자가 말한 서(恕)는 '용서함' 혹은 '널리 이해함'을 뜻합니다. 보통은 남에게 행하는 덕목으로 여기지만, 무엇보다 육아하는 부모 자신에게 필요한 덕목이지요. 육아 과정은 늘 변수가 존재합니다. 결코 부모가 완벽할 수 없는 이유입니다. 하루에도 몇 번씩 화를 참고, 잔소리를 줄이려 애쓰다가도 어느 순간 한 마디 폭언이 튀어나올 수 있어요.

문제는 그 뒤로 '내가 왜 그랬지…. 부모 자격이 없어'라며 지나치게 자책하는 것입니다.

이럴 때는 '그래, 나도 사람이니까 실수할 수 있어. 다음엔 어떻게 하면 좋을까?'로 생각을 전환해 보세요. 아이에게 사과할 부분이 있다면 솔직히 "미안해, 오늘 내가 너무 예민했어. 다음엔 좀 더 조심할게"라고 전하세요. 그러고 나서 그 상황을 어떻게 개선하면 좋을지, 스스로 계획을 세워봅시다. 예를 들어 '화를 내기 전에 3초간 호흡하기'나 '밤마다 5분 일기를 써서 감정을 정리하기' 같은, 구체적인 실천 계획 말이지요.

아이도 부모가 실수할 수 있다는 걸 압니다. 오히려 부모가 "미안, 내가 잘못했어"라고 깔끔하게 인정하면,

아이도 자연스럽게 "나도 다음엔 더 조심할게"라고 화답하게 됩니다. 이런 모습을 통해 아이는 '실수하더라도 다시 해볼 수 있구나'라는 귀한 교훈을 배우게 되지요. 결국 부모가 자신을 용서하고 다시 다잡는 태도야말로, 아이에게도 좋은 본보기가 됩니다.

'내가 삐끗했지만, 이걸 계기로 더 나아지면 되지!'라는 긍정적 자세가 가정의 분위기를 바꾸어요. 자기 비난에 빠지면 육아가 더 스트레스가 되고, 그 스트레스가 다시 아이에게 부정적으로 전이될 수 있거든요. 그러니 자신을 널리 이해하려는 서기지심(恕己之心)을 잊지 마세요. 부모가 먼저 자신을 다독일 줄 알아야, 아이에게 부드러운 관용으로 대할 수 있습니다.

품격 한 스푼

부모라고 완벽할 수는 없습니다. 실수했을 때, 부모인 나 자신에게 '너그러워지는' 연습이 필요해요. 그래야 아이에게도 솔직하게 인정하고, 아이와 함께 해결책을 찾을 수 있습니다.

恕己之心

서기지심

"자신에게도 관대해지는 마음"

"이만하면 괜찮은 부모야"

필사노트

내 육아 상황에 적용해보기

成長 성장
잘 자라며 발달하여 나아짐

Part 4

함께 성장하는 부모와 아이

25장

부모의 태도, 존중과 여유의 육아

구용(九容)

"사람이 갖춰야 할 아홉 가지 모습"

『예기(禮記)』의 구용(九容)은 육아에서
'부모의 부드럽고 따듯한 목소리와 존중하는 태도'가
중요하다는 통찰을 줍니다.

9가지 바른 몸가짐인 구용(九容)은 율곡 선생의 『격몽요결』에서도 강조되고 있지요. 얼굴빛은 '단정하게 다듬는 색용장(色容莊)', 목소리는 '가다듬는 성용정(聲容靜)', 눈동자는 '흔들림 없게 하는 목용단(目容端)' 같은 항목은 육아 현장에서도 큰 가르침이 됩니다. 아이 앞에서 부모의 얼굴빛은 온화해야 하고 태도는 존중이어야 한다는 것이죠. 아이가 잘못했을 때라든지, 말을 안 들을 때 '팔짱 낀 채로 눈을 흘기며 위에서 내려다보듯 잔소리'를 시작하면, 아이가 느끼는 위압감은 생각보다 훨씬 큽니다.

아이 입장에서는 '또 시작이네. 엄마가 무서운 얼굴로 나를 몰아붙이는구나'라고 느껴서, 대화보다 방어 태세에 들어갑니다. 똑같이 잔소리할 내용이라도, "○○야, 일단 앉아서 이야기 좀 해볼까?"라고 한 뒤 얼굴빛을 부드럽게 다듬으며 말을 건네면 어떨까요. 아이는 '내 얘기를 들을 준비가 되어 있구나'라고 여길 것입니다. 그리고 "네가 어떤 점에서 힘든지 알고 싶어"라는 말이 이어진다면 아이 마음도 한결 누그러집니다.

결국 '부모의 태도'에서 가장 중요한 건, 아이가 겪는 상황과 감정을 존중한다는 시그널을 보내는 겁니다. 목소리를 부드럽게 하고, 눈높이를 맞추는 사소한 차이로도, 아이는 '내가 무시당하지 않고 귀하게 여겨지고 있구나' 하는 안정감을 느낄 수 있죠. "일단 이야기를 들어볼게"라고 말하면서도 팔짱 낀 채 인상을 쓰고 있다면, 아이는 그 진심을 믿지 않을 겁니다.

"내가 부모이니 엄하게 해야 한다"라면, 그 엄함은 목소리 크기나 무서운 표정에서 나오지 않는다는 걸 기억하세요. 오히려 차분하고 존중하며 '이건 안 돼'라고 단호히 말할 때, 진짜 권위가 생깁니다. 아이는 부모가 소리 지르지 않아도 무게감이 있다고 느끼게 되지요. 이것이 온화하지만 엄격하게 느껴지는 '권위 있는 부모'의 태도에 가까운 모습일 겁니다.

품격 한 스푼

팔짱 풀고 아이와 앉아보세요. 표정을 부드럽게 하고 **"네 말을 듣고 싶어"** 라고 시작하면, 아이는 **'내 말을 들어주려는구나'** 하고 마음을 열기 시작합니다.

부모의 태도, 존중과 여유의 육아

색용장(色容莊): 얼굴빛은 단정하게
성용정(聲容靜): 목소리는 가다듬고
목용단(目容端): 눈동자는 흔들림 없게

필사노트

내 육아 상황에 적용해보기

26장

육아를 즐기는 법

지지자(知之者) 호지자(好之者) 낙지자(樂之者)
"아는 것, 좋아하는 것도 좋지만 '즐기는 사람'을 따라올 수 없다"

육아 이론을 많이 알면서 '의무감'으로 하는 육아가 아니라

'즐기는 마음'을 품는 부모가 행복한 육아를 합니다.

부모의 삶이 피곤하고 일이 많을수록, 아이에게 푸념을 하곤 합니다. "엄마도 힘든데 넌 왜 속을 썩이니!"라고요. 하지만 육아를 '힘든 과업'으로만 보면, 부모와 아이 모두 힘들어집니다. 논어에서 공자가 "배우기 좋아하는 자도 이기기 어렵지만, 배움을 즐기는 자는 더 이길 수 없다"고 했듯, 육아 역시 '어쩔 수 없이'가 아니라 '기쁘게'로 접근해 보면 의외의 즐거움을 발견할 수 있어요.

예를 들어 숙제를 봐주는 것도 '지겨운 의무'로 여기면 잔소리가 늘고 아이도 싫어합니다. 그러나 "같이 공부하며 누가 먼저 퀴즈를 풀까?" 식으로 작은 게임 요소를 넣으면 어떨까요. 아이가 정답을 맞히면 "우와, 이 부분은 나보다 빠른데?" 하고 감탄해주면, 그 시간이 훨씬 부드럽게 흐릅니다. 방 정리도 마찬가지예요. "너도 한 번 해봐,

얼마나 힘든지. 하기 싫지?"가 아니라 "방을 정리하면 비포·애프터가 진짜 달라. 같이 해볼까?" 하면, 아이가 흥미를 느끼기도 합니다.

육아는 힘들고 긴 여정입니다. 분명 감정 소모도 큽니다. 그러나 그 안에 놀이와 유머, 즐거운 장면을 곁들이면, 아이와 함께 웃는 순간들이 점점 쌓여요. 아이도 "아, 이게 꼭 힘든 것만은 아니구나. 같이 하니 재밌네"라고 생각하게 됩니다. 부모가 아이와의 시간을 좋아하고 즐기는 자세를 보이는 순간, 아이는 자신이 환영받고 있다고 느끼니 반응도 적극적으로 바뀝니다.

확실히 육아를 좋아하는 부모와 육아를 즐기는 부모는 다릅니다. 물론 육아는 늘 달콤하지만은 않지요. 그래도 즐길 수 있는 요소를 찾아보려는 태도가 중요합니다. 억지로 모든 순간을 놀이화할 순 없어도, '아이와 함께여서 기쁘다'는 마음이 밑바탕에 깔려 있으면, 잔소리하더라도 서로 웃으며 마무리할 여유가 생깁니다. 그게 바로 육아를 즐기는 부모의 모습이지요.

품격 한 스푼

육아를 **'무거운 숙제'** 대신 **'함께하는 재미'**로 조금씩 바꿔보세요. 사소한 놀이든, 대화 중 작은 유머든, 부모가 먼저 웃으면 아이도 그 웃음에 동참하게 됩니다.

知之者 好之者 樂之者
지지자 호지자 낙지자

"아는 것, 좋아하는 것도 좋지만
'즐기는 사람'을 따라올 수 없다"

필사노트

내 육아 상황에 적용해보기

27장

사소한 습관이 인생이 된다

천 리 길도 한 걸음부터

"세 살 버릇 평생 간다"

습관이 인생을 좌우한다는 건 동서고금의 공통된 진리입니다.
좋은 습관은 아이의 길을 밝혀줍니다.

아이 방이 엉망이고, 인사도 제대로 안 하고, 숙제도 밀리고…. 이런 문제들이 한꺼번에 눈에 들어오면, 부모는 "이것도 못 고치고 저것도 못 고쳐!"라고 답답해합니다. 하지만 "천 리 길도 한 걸음부터"라는 말처럼, 한꺼번에 모든 걸 해결하려 하면 오히려 제대로 해내지 못하는 경우가 많습니다. 너무 많은 지시가 떨어지면 아이는 과부하 상태가 되어 "뭐부터 해야 해? 몰라, 다 귀찮아!"라고 포기해버리기 쉽죠. 작은 습관부터 하나씩 잡아가는 게 효과적입니다.

예를 들어 "이번 주는 아침에 일어나면 '안녕히 주무셨어요?'라고 인사하기만 실천하자"라고 목표를 잡는 겁니다. 아침 인사를 어느 정도 습관화한 뒤, 다음 주에는 "자기 물건 정리하기"로 넘어갈 수 있지요. 한 번에 다 고치려 들면 부모도 스트레스, 아이도 스트레스. 하지만 하나씩 달성하면서 칭찬을 받고 성취감을 느끼면, 아이는 '오, 나도 할 수 있네?' 하고 자신감을 키워갑니다.

작은 습관들이 쌓이면, 나중에는 아이가 스스로 생활 리듬을 만들어가는 걸 볼 수 있습니다. 그때 부모는 '와, 예전에는 어질러져서 지저분해 보였는데 이제 깨끗해졌네?'라는 안도감을 느낄 수 있지요. 물론 중간에 삐걱거릴 때도 있을 테니, 무리하게 한꺼번에 여러 습관을 바꾸려 하지 말아야 합니다. 부모가 "오늘부터 인사, 청소, 숙제, 일찍 자기, 전부 하자!"라는 식으로 몰아치면, 아이는 할 수도 없는 여러 목록에 지레 질려 버립니다.

또 한 가지 중요한 점은, 부모도 자신만의 작은 습관

을 하나 정해보면 좋습니다. 아이에게 "너 운동 좀 해!"라고만 하기보다, "엄마도 매일 5분 스트레칭 하려고 해. 우리 서로 지키는지 확인해 볼까?"라고 하면, 아이가 훨씬 흥미를 느끼죠. 서로의 작은 습관 달성 여부를 칭찬하며 즐거운 분위기로 만들면, 습관 형성이 재미있는 게임처럼 됩니다. 그렇게 하다 보면 어느새 아이가 "우와, 이제 이건 너무 쉽네. 또 다른 목표 없을까?"라고 먼저 제안할 수도 있습니다.

품격 한 스푼

"이번 주에는 이 습관 들여 보자"라는 구체적 목표부터 시작하세요. 인사하기든, 자기 물건 정리든, 한 가지만 성공해도 아이는 '나도 해낼 수 있네'라는 자신감을 얻게 됩니다.

천 리 길도 한 걸음부터

"세 살 버릇 평생 간다"
좋은 습관은 아이의 길을 밝혀줍니다.

필사노트

내 육아 상황에 적용해보기

28장

지금 현재를 아이와 즐기고 계신가요?

세한연후지 송백지후조(歲寒然後知 松柏之後凋)
"날씨가 몹시 추워진 뒤에야
소나무와 측백나무의 진가를 알게 된다"

추운 겨울을 맞이해야 비로소 늘 푸른 소나무와 측백나무의
'진짜 가치'를 깨닫게 된다고 합니다.
지금 힘든 육아를 하고 있는 우리에게 시사하는 바가 큽니다.

『논어』의 자한(子罕) 편에 나오는 이 말은 안중근 의사께서 옥중에서 언급한 것으로도 유명합니다. 사실 아이를 키울 때는 '지금'의 소중함을 절실히 깨닫기가 쉽지 않습니다. 귀한 존재인 걸 머리로는 알지만, 막상 현실에선 말 안 듣고 속 뒤집는 말썽꾸러기로만 보일 때가 많지요. 부모에겐 따박따박 대들면서 친구들 앞에선 아무 말 못하고 끌려다니는 모습도 속이 터지고, 다른 아이들에겐 양보 잘하면서 동생에겐 한없이 모질게 구는 걸 보면 화가 치밀기도 합니다.

그런데 어느 날 불쑥 훌쩍 커버린 사춘기 아이의 뒷모습을 보고, 마음이 뭉클해지며 '어릴 때 더 잘해줄걸….' 하고 아쉬워지는 게 부모 마음이죠. '세한연후지 송백지후조(歲寒然後知 松柏之後凋)'라는 말처럼, 혹독한 추위가 닥쳐야 소나무와 측백나무가 늘 푸르다는 사실을 깨닫게 됩니다. 즉, 진정한 가치는 시간이 지난 뒤에야 분명히 보인다는 뜻이죠.

육아에 대입하자면, 지금, 아이와 함께하는 모든 게 감사하고 소중한 순간임을 놓치지 않아야 한다는 의미입니다. 내 아이가 때로는 속 썩이고 툴툴대는 것처럼 보여도 얼마나 소중한 존재인지 그 존재가치를 알아주는 태도가 중요합니다. 육아를 어렵지 않고 행복하게 하는데 필요한 건 '지금, 이 순간(here & now)'에 집중하는 마음입니다.

'어제' 아이가 저지른 실수나 잘못에 발목 잡힐 필요 없고, '내일' 다가올 입시나 성적 걱정에 매몰될 필요도 없습니다. 아이와 지금을 함께 충실히 누릴 때, 아이가 스스로 모든 과정을 충분히 이겨낼 힘을 기를 수 있기 때문입니다. "그럼에도 우린 네가 소중해. 너를 믿어"라고 전하는 부모의 믿음과 격려는, 아이를 지켜주는 든든한 에너지가 됩니다. 결국 가장 큰 축복은 바로 '오늘 이 순간'을 아이와 어떻게 보낼 것인가, 그 고민 자체일지도 모릅니다.

품격 한 스푼

아이를 바라보며 '어제의 실수', '내일의 걱정' 대신 '지금 이 순간'에 집중해 보세요. 추위가 온 후에야 소나무의 가치를 뒤늦게 알기보다, 지금 아이와 함께하는 소중함을 놓치지 마시길 바랍니다.

歲寒然後知 松柏之後凋

세한연후지 송백지후조

"날씨가 몹시 추워진 뒤에야
소나무와 측백나무의 진가를 알게 된다"

필사노트

내 육아 상황에 적용해보기

29장

부모의 인간관계가 아이에게 미치는 영향

삼인행 필유아사언(三人行 必有我師焉)

"세 사람이 함께 길을 가면 반드시 나의 스승이 있다"

부모의 말과 행동이 아이에게 거울처럼 보여지므로
사람들의 장점을 찾고 긍정적인 관계를 맺으려는 모습을
부모가 먼저 보여줘야 합니다.

아이의 '사회성'을 올려주고 싶은 건 모든 부모의 바람입니다. 이런 부모님들께 사회성의 모든 단서가 들어 있는 공자의 삼인행 필유아사언(三人行 必有我師焉)을 추천합니다. '세 사람이 함께 길을 가면 반드시 나의 스승이 있다. 즉 우리는 주변 사람들로부터 배울 점을 찾고 자신의 성장을 도모할 수 있다'는 뜻입니다. 이 말을 부모의 역할에 적용해 보면, 부모는 단순히 아이를 가르치는 존재가 아니라, 삶의 태도와 관계 맺는 방식을 아이에게 자연스럽게 전수하는 훌륭한 스승이라는 의미가 됩니다.

부모는 아이의 가장 가까운 인간관계의 롤모델입니다. 아이는 부모가 친구나 친척, 이웃과 맺는 관계를 통해 사회 속에서 살아가는 방식을 자연스럽게 배우지요. 아이는 부모가 친척들과 어떤 태도로 대화를 나누는지, 친구들과 어떻게 갈등을 해결하는지, 도움을 받을 때와 도움을 줄 때 어떤 자세를 취하는지를 보며 관계 맺는 법을 익히게 됩니다.

아이를 보면 부모를 알 수 있다는 말처럼 아이는 부모의 말투, 감정을 표현하는 방식, 갈등을 해결하는 태도를 그대로 배웁니다. 부모가 누군가의 장점을 발견하고 칭찬하는 태도를 보인다면, 아이 역시 긍정적인 시각으로 사람을 바라볼 확률이 높아집니다. 반대로, 부모가 남을 쉽게 비판하고 험담한다면, 아이도 부정적인 시각을 가지게 됩니다.

예를 들어, 아이가 친구와 다툰 후 엄마에게 와서 투덜댈 때 엄마가 전후 사정도 모른 채 "그 친구가 너무했네, 너도 그렇게 해!", "그런 친구와는 놀지 마"라고 반응

한다면, 아이는 대립과 맞대응을 학습합니다. 반면 아이의 마음 상태를 알아주며 "그 친구가 왜 그런 행동을 했을까?"라고 풀어나간다면, 아이는 관계에서의 갈등을 해결해 나가는 태도를 배우게 됩니다. 이 일을 통해 친구의 장점까지도 찾아내게 되지요.

아이들은 부모가 인간관계를 어떻게 맺는지를 면밀히 관찰하고 따라합니다. 부모가 친척이나 친구들과 긍정적 관계를 유지하는 모습을 보이면, 아이는 인간관계를 맺는 것이 자연스럽고 즐거운 일이라는 인식을 하지요. 하지만 부모가 관계 맺기를 두려워하거나 불편해하고, 타인과 거리 두기를 한다면, 아이도 관계 맺기를 어렵게 느낄 수 있습니다. 아이 앞에서 "그 사람은 믿을 수 없어"라거나 "가족이라도 너무 가깝게 지내면 피곤해" 같은 말을 자주 하면, 아이는 인간관계를 경계하고 방어적으로 바라볼 가능성이 높습니다. 가족의 소중함과 친척과 친구의 장점을 자주 말하는 부모, '삼인행 필유아사언'을 실천하는 부모의 아이는 관계 맺기와 사회성이 발달합니다.

우리는 완벽한 사람을 만날 수 없습니다. 하지만 장점을 찾으려는 태도를 가진 사람과 함께할 때, 관계는 더욱 따뜻해집니다. 부모가 친구나 가족의 장점을 찾아 칭찬하는 모습을 보인다면, 아이도 자연스럽게 좋은 점을 보는 습관을 갖게 됩니다. 이는 아이가 긍정적인 태도를 가지고 관계를 맺는 데 큰 도움이 되지요. 부모가 "이모는 요리를 정말 잘해"라거나 "삼촌은 말을 재미있게 해, 그래서 대화가 즐거워"라고 말하는 습관을 가진다면, 아이도 타인의 좋은 점을 먼저 발견하려는 노력을 하게 됩니다. 부모가 어떤 태도로 인간관계를 맺고, 주변 사람을 대하는지는 아이에게 그대로 반영되기 때문입니다.

아이가 인성 좋은 사람, 관계를 소중히 여기는 사회성 높은 아이로 자라길 바란다면, '삼인행 필유아사언'을 간직하며 부모가 먼저 좋은 관계의 롤모델이 되어 주세요. 우리는 주변 사람을 통해 배우고 성장합니다. 우리의 아이도 부모를 통해 관계 맺는 법을 배우고 자라납니다. 오늘 내가 맺는 관계가 내 아이의 사회성이 됩니다.

품격 한 스푼

아이가 어떤 사람으로 자라길 원하는지 떠올려 보세요. 부모가 주변 사람을 대하는 태도 자체가 곧 아이가 배우는 '사회성의 교과서'가 됩니다.

三人行 必有我師焉

삼인행 필유아사언

"세 사람이 함께 길을 가면 반드시 나의 스승이 있다"
장점을 찾고 배우는 사람의 인간관계는 넓고도 깊다.

필사노트

내 육아 상황에 적용해보기

30장

부모의 품격이 만드는 아이의 미래

"결국, 아이는 부모를 통해

인간관계 · 감정조절 · 품위 있는 태도를 배운다"

동서고금을 막론하고

자녀는 부모에게서 삶의 기본기를 학습합니다.

아이들이 훗날 스무 살, 서른 살이 되어 "엄마·아빠는 나 어릴 때 왜 그렇게 화내고 소리 질렀어?"라고 묻는다면, 우리는 어떤 대답을 할 수 있을까요. "네가 말을 안 들어서"라고 돌려버리면, 아이는 "결국 또 내 탓이구나. 우리 부모는 안 변해"라고 씁쓸해할 수 있습니다. 부모의 품격은 '함부로 대하지 않는 태도'에서 시작된다는 말이 더 절실히 다가오는 이유입니다.

이 책에서 다룬 '잘 들어야 마음을 얻는다'는 이청득심(以聽得心), 아이 입장에서 생각하는 역지사지(易地思之), 미숙함을 공감해주며 성장시키려는 측은지심(惻隱之心), 아이를 함부로 대하지 않으며 인격적으로 대하는 후생가외(後生可畏), 화날 때 그 뒤를 생각하는 분사난(忿思難), 때론 무심하게 내려놓고 기다려주는 난득호도

(難得糊塗) 등은 모두 '부모의 품격'을 높이는 방법들입니다.

이청득심(以聽得心)
: 아이 마음이 열리도록 진심으로 듣기

역지사지(易地思之)
: 지금 아이 입장이라면 어떨지 입장 바꿔 생각하기

측은지심(惻隱之心)
: 아이의 미숙함을 이해하되, 규칙은 지키게 가르치기

후생가외(後生可畏)
: 지금 이 아이가 장차 성숙한 어른이 될 것을 떠올리기

분사난(忿思難)
: 화날 때, 화내고 난 후 뒤탈을 생각하기

난득호도(難得糊塗)
: 완벽주의 내려놓고 여유 찾기

고전에서 이청득심, 역지사지, 측은지심, 후생가외 등을 접하면서 깨달은 지혜는 결국 인간관계와 존중의 원리

입니다. 육아는 '사람 대 사람'의 관계를 맺는 일입니다. 아이가 어릴 때는 "어차피 저항 못 한다"는 이유로 부모 마음대로 대할 수 있겠지만, 세월이 흐르면 그 관계의 결과가 반드시 돌아옵니다. 아이가 성인이 된 후 "우리 부모님은 내 얘길 들어주고 존중해줬어"라고 기억하느냐, "나를 억압하고 함부로 대했어"라고 기억하느냐에 따라, 부모와 자녀 사이의 유대가 완전히 달라질 겁니다.

'부모의 품격'이란 거창한 게 아닙니다. 아이를 인간적으로 대하고, 애정과 규칙을 균형 있게 제시하고, 화가 날 때도 '어떻게 하면 이 아이에게 더 나은 배움을 줄까'를 고민하는 모습이지요. 말 한마디에도 "네가 이해할 수 있게 이야기할게"라는 배려가 스며들면, 아이는 자연스럽게 '나도 누군가를 이렇게 대해야겠구나'라고 배웁니다. 결국 아이가 부모와의 추억을 떠올릴 때, "정말 사람 대 사람으로 존중받았다"는 느낌이 가장 큰 선물일 수 있겠지요.

지금부터라도 조금씩 '함부로 대하지 않기'를 시작하면 결코 늦지 않습니다. 이미 아이가 어느 정도 자랐다 해도, 부모가 달라진 태도를 보이면 '부모님이 변하려고 노력하시네' 하고 아이가 반응하게 됩니다. 그 변화가 아주 작은 것이어도 괜찮아요. 아이가 말을 하면 끼어들지 않고 들어주거나, 화날 때 잠시 대화를 미루는 것만으로도 큰 차이가 생깁니다. 그렇게 쌓인 순간들이 모여, 결국 "우리 부모님은 참 품격 있게 날 키워줬다"라는 아이의 미래 기억을 만들어갈 것입니다.

품격 한 스푼

아이를 대할 때, '훗날, 지금 모습을 어떻게 기억할까'를 떠올리는 순간, 우린 이미 품격 있는 부모의 발걸음을 내디딘 거예요. 말투와 시선에서 아이는 '부모의 품격'을 느끼고, 그 느낌이 부모와 아이의 평생 관계를 결정짓습니다.

부모의 품격

"결국, 아이는 부모를 통해
인간관계·감정조절·품위 있는 태도를 배운다"

필사노트

내 육아 상황에 적용해보기

"함께 성장한다는 것"

우리는 흔히 '부모가 아이를 키운다'고 말하지만, 사실 부모도 아이를 통해 함께 성장합니다. 고전에서 배운 육아의 지혜(이청득심, 역지사지, 측은지심, 후생가외, 분사난, 난득호도) 모두 부모 자신의 삶에도 적용할 수 있는 인생의 원칙이기 때문입니다.

이제 이 책을 덮고 일상으로 돌아가실 때, 한 번만 더 떠올려주세요. "지금 아이가 나를 어떤 품격으로 보고 있을까?" 이 물음만으로도 우리는 이미 고전에서 배운 지혜를 실천하고 있는 거예요.

부모가 조금씩 더 나아지면, 아이도 자연스레 부모를 본받습니다. 그 작은 변화들이 모여, 아이의 미래는 물론 우리 가정의 미래, 더 나아가 사회의 미래까지 아름답게 변화시킬 수 있습니다.

품격 있는 부모로서, 또 성숙한 인간으로서 걸어가는 우리를 진심으로 응원합니다. 사랑합니다.

임영주 드림

도서출판 **이상기후**

삶의 방향을 찾아주는 책을 만듭니다

BOOK PRODUCER 철학자의 돌 ①

출판문의: 02-784-7924 / kss@egihu.com

고전에서 배우는
부모의 품격

1판 1쇄 펴냄 | 2025년 05월 27일

지은이 | 임영주
발행·편집인 | 김수석
디자인 | 박한나
표지 일러스트 | 박현정(포노멀)
발행처 | 도서출판 이상기후
서체 | 이 제작물은 아모레퍼시픽의 아리따글꼴을 사용하여 디자인
  되었습니다.

등록 | 2011. 7. 26. 제 2011-000093 호
주소 | 서울시 영등포구 63로 32 콤비빌딩, 917호
전화 | 02-784-7924
팩스 | 070-8228-3781
전자우편 | kss@egihu.com
홈페이지 | www.egihu.com

• 파본은 구매하신 서점에서 교환해 드립니다.
• 이 책은 저작권법에 의해 보호를 받는 저작물이므로 무단 전재와 복제를 금합니다.